Trouver *sa* place
au travail

Groupe Eyrolles
61, bd Saint-Germain
75240 Paris Cedex 05

www.editions-eyrolles.com

Avec la collaboration de Cécile Potel

Le Code de la propriété intellectuelle du 1er juillet 1992 interdit en effet expressément la photocopie à usage collectif sans autorisation des ayants droit. Or, cette pratique s'est généralisée notamment dans l'enseignement, provoquant une baisse brutale des achats de livres, au point que la possibilité même pour les auteurs de créer des œuvres nouvelles et de les faire éditer correctement est aujourd'hui menacée. En application de la loi du 11 mars 1957, il est interdit de reproduire intégralement ou partiellement le présent ouvrage, sur quelque support que ce soit, sans autorisation de l'Éditeur ou du Centre Français d'Exploitation du Droit de copie, 20, rue des Grands-Augustins, 75006 Paris.

© Groupe Eyrolles, 2012
ISBN : 978-2-212-54944-7

Juliette Allais
Didier Goutman

Trouver *sa* place au travail

EYROLLES

Également dans la collection « Comprendre et agir » :
Juliette Allais, *Décrypter ses rêves*
Juliette Allais, *La psychogénéalogie*
Juliette Allais, *Au cœur des secrets de famille*
Dr Martin M. Antony, Dr Richard P. Swinson, *Timide ? Ne laissez plus la peur des autres vous gâcher la vie*
Valérie Bergère, *Moi ? Susceptible ? Jamais !*
Marcel Bernier, Marie-Hélène Simard, *La rupture amoureuse*
Jean-Charles Bouchoux, *Les pervers narcissiques*
Sophie Cadalen, *Inventer son couple*
Christophe Carré, *La manipulation au quotidien*
Marie-Joseph Chalvin, *L'estime de soi*
Cécile Chavel, *Les secrets de la joie*
Michèle Declerck, *Le malade malgré lui*
Ann Demarais, Valerie White, *C'est la première impression qui compte*
Sandrine Dury, *Filles de nos mères, mères de nos filles…*
Jean-Michel Fourcade, *Les personnalités limites*
Laurie Hawkes, *La peur de l'Autre*
Jacques Hillion, Ifan Elix, *Passer à l'action*
Lorne Ladner, *Le bonheur passe par les autres*
Lubomir Lamy, *L'amour ne doit rien au hasard*
Lubomir Lamy, *Pourquoi les hommes ne comprennent rien aux femmes…*
Virginie Megglé, *Couper le cordon*
Virginie Megglé, *Face à l'anorexie*
Virginie Megglé, *Entre mère et fils*
Bénédicte Nadaud, Karine Zagaroli, *Surmonter ses complexes*
Ron et Pat Potter-Efron, *Que dit votre colère ?*
Patrick Ange Raoult, *Guérir de ses blessures adolescentes*
Daniel Ravon, *Apprivoiser ses émotions*
Alain Samson, *La chance tu provoqueras*
Alain Samson, *Développer sa résilience*

Dans la série « Les chemins de l'inconscient », dirigée par Saverio Tomasella :
Christine Hardy, Laurence Schifrine, Saverio Tomasella, *Habiter son corps*
Martine Mingant, *Vivre pleinement l'instant*
Gilles Pho, Saverio Tomasella, *Vivre en relation*
Catherine Podguszer, Saverio Tomasella, *Personne n'est parfait !*
Saverio Tomasella, *Oser s'aimer*
Saverio Tomasella, *Le sentiment d'abandon*
Saverio Tomasella, *Les amours impossibles*

Table des matières

Avant-propos 1

Première partie
Interroger, définir : se mettre en quête de sens

Chapitre 1 – Une préoccupation actuelle et cruciale 15
  Au commencement, un questionnement minoritaire… 15
  … À l'arrivée, une nécessité 17

Chapitre 2 – Comment envisager la souffrance ? 21
  Un symptôme à ne pas négliger 22
  Évaluer notre part de responsabilité 23

Chapitre 3 – Définir les mots… et les objectifs 27
  La place, un espace à orchestrer 27
  Le travail, une contribution à négocier 28

Chapitre 4 – Aller vers une place « juste » 31
  Les maîtres mots : unité et cohérence… 31
  … Autonomie et liberté 34

Chapitre 5 – Les vraies solutions sont toujours singulières ... 37

Deuxième partie
De l'identification à la réalisation : trouver sa place à soi

Chapitre 1 – Les difficultés : conditionnements inconscients et croyances trompeuses 43
    Le piège de la loyauté 44
    Une légitimité difficile à assumer 50
    Le travail, une aliénation ? 57
    Ces illusions qui font obstacle 68
    Ces rapports à l'autorité qui nous freinent 76
    Les dangers de la perfection 79

Chapitre 2 – La démarche : au carrefour du psychique et de la réalité 87
    Les composantes du processus 88
    Confronter son désir à la réalité 94
    Analysez votre héritage 102

Chapitre 3 – L'objectif : s'incarner de façon juste 109
    Être à sa place : symptômes et manifestations 109
    Et ce qui témoigne que l'on n'y est pas ? 118
    Les figures du football, des exemples évocateurs… 118

Chapitre 4 – Installer une dynamique durable 121
    Le temps est un allié 121
    Jamais rien ne demeure… 124
    Et vous ? 126

TABLE DES MATIÈRES

TROISIÈME PARTIE

**Places classiques, situations types :
évaluer les critères de réussite**

Chapitre 1 – Se mettre à son compte 133
   L'enjeu : être prêt à quitter le nid 133
   Les conditions de réussite : être « configuré pour » 134
   Les leurres : confondre les quêtes… 138

Chapitre 2 – Être salarié 141
   L'enjeu : être indépendant… en place de subordonné ... 142
   Les conditions de réussite : penser le travail en termes de contrats 143
   Les leurres : croire que les situations sont figées 145

Chapitre 3 – Collaborateur ou manager : être ou
                ne pas être « patron » ? 147
   L'enjeu : endosser un nouveau costume 147
   Les conditions de réussite : conjuguer altruisme et responsabilité 148
   Les leurres : obligé de grimper dans l'ascenseur social ? 150

Chapitre 4 – Entrepreneur et « chef » d'entreprise 153
   L'enjeu : une entreprise vaste et ardue 153
   Les conditions de réussite : être à la hauteur de l'exigence 154
   Les leurres : désirer pour d'autres que nous 155

Chapitre 5 – Une place… ou des places ? 157
   Des opportunités nouvelles 158

VII

Quatrième partie
Face aux barrières subtiles : comment apaiser les tensions ?

Chapitre 1 – « Mend, end or accept » 167

Chapitre 2 – Masculin/féminin : trouver l'équilibre 171
    Accepter les déterminismes 172
    Choisir et assumer : une liberté à intégrer 174
    Équilibrer les polarités 176
    S'adapter à d'autres logiques que les siennes 177

Chapitre 3 – Place, posture, travail : apprendre à distinguer ce qui ne va pas 181
    Changer quoi et pourquoi ? 182

Cinquième partie
Faisons le point !

Chapitre 1 – Comprendre et accepter 189
    « Il y a une place pour moi, tel que je suis » 189
    « Le travail est un lieu d'expression et d'engagement positif » 190
    « Je vais devoir accepter l'idée d'avoir été conditionné » 190
    « En revanche, je suis entièrement libre de me déconditionner » 191
    « Cette recherche de ma place est un vrai lieu de travail » 192
    « Ni contre le monde, ni sans lui » 192
    « Je vais devoir soutenir mon projet et le communiquer au monde extérieur » 193
    « Ma démarche s'inscrit dans le temps » 193
    « Rien n'est définitif » 194

Table des matières

Chapitre 2 – Organiser et mettre en œuvre 195
Le point de départ : établir un diagnostic personnalisé 195
Les points d'appui : partir de ses qualités et de ses atouts 196
Le guide : définir ses propres critères de choix 197
L'objectif cible : définir un ou des points d'arrivée 198
Le parcours : transformer l'ensemble des données en itinéraire 198
L'épreuve de réalité : penser la dimension financière 199
Le temps : planifier la transformation 199
La communication : rendre réel 199
La confiance : laisser faire 200

Chapitre 3 – Seul ou accompagné ? 201

Conclusion 205

Bibliographie 213

Avant-propos

La quête et le chemin

Juliette Allais

Comment « trouver sa place » au travail ? Et que veut dire l'idée même « d'être à sa place » dans ce domaine ? Quelles questions faut-il se poser pour s'en faire une représentation intelligible, cohérente, et la mettre en œuvre dans le monde d'aujourd'hui, agité et changeant, écartelé entre les formes figées d'un passé qui n'a plus lieu d'être et la nécessité d'un remaniement profond, auquel chacun est tenu d'apporter une réponse individuelle de mieux en mieux adaptée ?

Se questionner sur la place professionnelle analyse notre façon de participer au monde – du concret à l'invisible – et d'y faire valoir, plus ou moins facilement, nos qualités opérationnelles, nos compétences propres et nos aspirations. Ceci pour ceux d'entre nous qui souhaitent devenir pleinement conscients des enjeux qui s'y rapportent et des jeux qui s'y jouent. Le travail est, ou devrait être, le lieu d'expression de notre savoir-faire – quel que soit celui-ci. Cela implique que l'on peut s'y réaliser, y trouver du sens, et y être reconnu. Et y transformer ce qui est parfois synonyme de contrainte stérile, d'ennui, d'échec, de souffrance ou de violence en un lieu de liberté, de progression et de fluidité. En un mot, un espace vivant, nourri, habité.

Y réfléchir nous oblige à penser notre rapport au travail en termes de cohérence et d'ajustement entre ce que nous sommes en tant qu'individu unique et la manière dont nous pouvons nous inscrire dans un collectif en mouvement, qui a besoin de nous – précisément avec nos qualités singulières. Et à replacer – nous verrons comment – le problème dans une globalité et une continuité (passé/présent/futur) qui lui donnent du sens, sans jamais en escamoter la dimension concrète incontournable : celle d'un réel contraignant parfois, limitant souvent, et, de toute façon, toujours insensible à nos manques et à nos difficultés.

Défi majeur qui nécessite de poser la question à différents niveaux en même temps, et certainement plus à la manière de nos prédécesseurs. D'abord, parce que les logiques du monde professionnel ont profondément changé. Et d'autre part, parce que cela implique de prendre individuellement de la distance avec l'histoire d'où nous venons, et ce qu'elle a pu générer qui n'est plus d'actualité pour nous.

En effet, l'impact du passé de nos ascendants, leurs trajectoires, réussites et échecs, croyances, freins et interdits, nous déterminent à prendre notre place au travail dans un certain cadre, qui, pour ne plus être subi, doit être analysé et, pourquoi pas, assoupli, remanié ou définitivement abandonné. Se déployer professionnellement

AVANT-PROPOS

amène à s'affranchir de ce qui nous entrave, y compris sur le plan de l'héritage familial, afin de nous positionner autrement dans le présent et d'envisager de nouvelles pistes pour l'avenir, plus libres, plus significatives, plus ajustées à ce que nous sommes en réalité.

Il s'agit donc, dans ce livre, de mettre en lumière la façon dont chacun s'approprie cet espace : en créant un équilibre dynamique et fécond, ou, au contraire, en s'enlisant dans des schémas inappropriés ou des comportements infructueux, dont les causes – conscientes ou inconscientes – peuvent être multiples mais qui témoignent toujours d'une inadéquation profonde entre l'individu et le monde extérieur.

Dès lors, le mot stratégie s'impose de lui-même. Ce décryptage des rouages qui organisent la place professionnelle amènera très naturellement à convertir, à réinventer, à métamorphoser tous les éléments qui composent cet équilibre subtil afin d'inscrire nos trajectoires dans une dynamique vivante et prospère, et d'oser les orienter vers quelque chose de l'ordre de la réalisation et de l'accomplissement… Choisir sa place, s'y engager, l'occuper au plus près de ce que nous sommes et le communiquer le plus intelligemment possible, au mieux de ce que nous rêvons pour nous et pour le monde de demain.

L'accès à la réalisation professionnelle peut ainsi s'apparenter à un véritable chemin initiatique. Ce livre est écrit pour ceux qui cherchent. Peut-être, pour ceux-là, lever une partie du voile ne fera que donner à cette quête encore plus d'intensité.

Enjeux et engagements

Didier Goutman

En management, en recrutement, en conseil, en études, en coaching, j'ai rencontré, interviewé, choisi, accompagné, cherché à comprendre des centaines d'individus, hommes et femmes, juniors, seniors, employés, cadres, managers, dirigeants. Certains vivaient bien leur rapport au travail, d'autres moins. Certains avaient objectivement réussi à s'adapter, d'autres non. Certains en étaient satisfaits, d'autres pas. Mais, si sur ces bases de témoignages et d'expériences, je devais cependant résumer en un seul mot ce qui explique le succès des uns et l'insatisfaction des autres, ce serait le mot cohérence.

Ceux qui réussissent le mieux – dans les deux sens du terme réussite, aisance professionnelle et satisfaction personnelle associées – ne sont pas nécessairement les mieux nés, ni les mieux diplômés, ni les plus intelligents. La vie professionnelle n'est pas le prolongement d'une expérience scolaire. Ce ne sont pas non plus les plus beaux, les plus bavards ou les plus sociables. Ce n'est pas non plus d'une émission de téléréalité qu'il s'agit. Non, ceux qui réussissent le mieux leur vie professionnelle sont ceux dont l'adéquation entre ce qu'ils sont, ce qu'ils aiment, ce qu'ils disent et ce qu'ils font est la plus juste, la plus profonde, la plus évidente, la plus palpable.

La question de trouver sa place, sa place à soi, sa vraie place au travail est donc pour nous, d'abord et avant tout, une question de casting. Comment identifier ce qui pour moi, à chaque étape de ma vie, sera le juste métier, le juste contexte, la juste ambition, le juste

AVANT-PROPOS

discours associé ? Comment trouver ainsi un rôle adapté, réaliste, cohérent, au carrefour de ce que je veux réellement et de ce dont le monde a besoin ?

Question claire, essentielle, plutôt facile à poser… mais souvent difficile à transformer en une réponse convaincante. Car si la question est simple, le chemin vers la réponse, lui, est semé d'embûches.

Je ne peux en effet trouver ma place à moi que si je m'autorise à découvrir qui je suis réellement, ce que j'aime, ce que je porte, ce que je peux faire. Au-delà de tous les faux-semblants, de toutes les inhibitions, de toutes les compensations, de tous les discours appris, projetés, imposés…

Je ne peux ensuite définir une vraie place en univers professionnel que si ma vision du monde du travail est positive. Si, pour moi, « tous les patrons sont des salauds », si le travail n'est qu'un ennui, une charge, une contrainte, si c'est ce que l'on m'a répété, si c'est que je crois encore, la question risque de rester sans réponse.

Je ne peux également identifier une place juste que si j'ai une vision large, riche, ouverte de ce qui est possible et de ce qui ne l'est pas dans le monde professionnel, ou tout au moins si je suis capable de me la construire. Sans un minimum d'informations concrètes, fiables, réalistes, sans ouverture et sans curiosité, les meilleures opportunités risquent de m'échapper.

Dans un monde évolutif enfin, où les places se redisposent en permanence, je ne peux rendre mon projet professionnel durable que si j'en ai une vision dynamique, celle d'une histoire positive à construire, étape par étape, et pas d'un fauteuil à protéger, ni d'une prison à accepter.

Trouver sa place s'apparente ainsi à un parcours, actif, ouvert, entreprenant, on pourrait presque dire à une quête. Au carrefour nécessaire de ce que je suis, que je dois progressivement libérer de ce qui l'entrave, et de ce que le monde peut accueillir, que je dois découvrir et comprendre.

Enjeu majeur pour chacun bien sûr, puisqu'il conditionne sa réussite, son identité sociale, le plaisir qu'il aura à se lever ou non le matin, le sens qu'auront ou non ces dizaines de milliers d'heures passées à imaginer, produire, gérer, distribuer des biens ou des services, privés ou publics.

Enjeu majeur pour tous puisque la qualité d'adéquation entre un être et son travail définit aussi la qualité de ce qu'il fait au service de la collectivité. Un manager qui ne s'aime pas, et n'aime le pouvoir que pour compenser un sentiment d'infériorité, gâchera le quotidien de tous ceux qui auront la malchance de devoir lui rendre compte. La carrière d'un entraîneur d'équipe de football qui préférerait être comédien se terminera peut-être au fond d'un bus, à l'autre bout du monde, seul et méprisé de tous. Un boulanger qui n'aime pas le travail manuel et n'a pris la suite de son père que par peur de lui dire non risque de rendre le pain de ses clients amer, et les pâtisseries de leurs goûters bien fades. Des parents qui s'ennuient en entreprise, et souffrent de ne pas y exprimer leur talent, donneront à leurs enfants une vision dégradée de ce qu'est le monde du travail…

AVANT-PROPOS

Car si la question est par nature individuelle, elle nous concerne de toute façon tous au final. En effet, le travail est toujours, aussi, le lieu d'un engagement collectif. Une raison de plus pour réfléchir à qui nous sommes, de quels talents nous sommes porteurs et comment les incarner.

Pourquoi un essai à deux voix ?

Le sujet de la place professionnelle, en tout cas tel que nous le concevons, est ainsi double par nature. Il ne peut se satisfaire d'une exploration simpliste, qui n'en éclairerait que les modalités opérationnelles. Il requiert, au contraire, d'emblée, deux approches complémentaires : une qui traite de la mise en œuvre concrète de cette place dans le monde extérieur, et l'autre qui en révèle les soubassements psychiques inconscients. L'une sans l'autre n'existe pas, et c'est bien ce que cet ouvrage se propose de démontrer. Elles décryptent chacune à leur façon les enjeux liés à cette recherche, à deux endroits différents mais indissociables. L'écrire à deux voix s'est donc imposé à nous assez vite comme une nécessité, une évidence : c'était l'occasion pour nous d'explorer ensemble la même question, tous les deux à une extrémité du spectre et détenteurs d'une vision partielle et complémentaire de l'autre. Ceci en nous déployant sur un terrain de jeu à la fois profond, réaliste et complet.

Deux voix, deux trajectoires...

Un consultant en entreprise, issu de HEC, ex-directeur du marketing, et une analyste spécialisée en transgénérationnel, formée à l'analyse jungienne, ex-souscriptrice de risques dans l'assurance, n'ont – en apparence – ni le même regard ni les mêmes références sur ce qui freine ou empêche les individus de se déployer librement. Études, métiers, trajectoires : tout nous oppose… En revanche, nous sommes tous les deux aujourd'hui dans un métier de « conseil », avec, quelque part, le même intérêt pour le démontage des rouages, la singularité des parcours, le lien entre personnel et professionnel… Très vite, nous avons intuitivement décelé à quel point la question pouvait résonner chez l'autre : malgré nos cheminements très dissemblables, la mise en commun de nos expériences respectives nous a donné l'envie d'éclairer la question de la place au travail à travers la rencontre inédite et originale de deux univers plutôt étrangers au départ.

Un homme, une femme

Là encore réside une différence fondamentale : le discours masculin est nécessairement plus concerné par la précision, l'ordre et l'efficacité. Le versant féminin opte facilement pour une pensée moins logique et une vision des différents niveaux qui s'interpénètrent, de façon assez fluctuante. Ces deux voix-là, parfois à l'opposé l'une de l'autre mais jamais réellement antagonistes, permettent aussi de construire une trame féconde et créative.

Une réconciliation

La place au travail se prend toujours à partir de sa propre histoire. Chacun s'inscrit dans une continuité et reprend l'héritage, pour le transformer – potentiellement – dans sa réalité d'aujourd'hui. Expérience qui, à son tour, aura des effets aux niveaux psychique

AVANT-PROPOS

et relationnel, dans une interaction, un va-et-vient constant... Le parti pris de ce livre a donc été d'imaginer une approche à plusieurs niveaux. Il s'agissait bien de ne pas choisir son camp, mais d'être au cœur d'une réconciliation entre féminin et masculin, inconscient et pragmatisme, visible et invisible et de chercher les points de jonction et de rupture. Au-delà de nos différences, nous avons essayé de faire coïncider nos analyses dans une dynamique commune, où, à partir d'une cohérence retrouvée, le projet professionnel peut exister pleinement à l'extérieur tout en étant nourri de l'intérieur. Et de montrer comment et pourquoi une véritable intégration oblige à clarifier tous les plans à la fois.

PREMIÈRE PARTIE

Interroger, définir : se mettre en quête de sens

Interroger, définir : se mettre en quête de sens

Trouver sa place au travail n'a rien de simple ni d'évident, la plupart du temps. Certains d'entre nous ont très tôt une idée précise du métier qu'ils aimeraient exercer, d'autres tâtonnent longuement avant de s'inscrire au sein d'un univers qui leur convient – pour un temps du moins. D'autres encore n'ont jamais réfléchi à cette question, la considérant secondaire au vu de leurs priorités.

Cependant, il y a fort à parier que dans le monde d'aujourd'hui cette question a son importance, et ce, quelles que soient nos convictions ou nos certitudes. Pour la grande majorité d'entre nous, y compris lorsque nous connaissons nos désirs, trouver notre place est le fruit d'un cheminement qui s'appuie sur une réflexion.

Il convient donc en premier lieu de s'interroger en toute sincérité, de définir les termes liés à cette question de la place, du travail et les sentiments qu'ils impliquent, pour trouver enfin des solutions concrètes selon ce que nous sommes et ce que nous voulons incarner.

Chapitre 1

Une préoccupation actuelle et cruciale

Trouver sa place, sa place à soi, sa vraie place au travail a toujours été un sujet de préoccupation… Pour ceux qui avaient le choix de s'en préoccuper ! C'est-à-dire les rares dont le niveau d'éducation, les revenus de la famille et la liberté intérieure autorisaient la question à émerger comme telle. Aujourd'hui cependant, dans un monde à la fois plus ouvert et plus tendu, trouver sa place au travail ne relève plus d'une exception, mais nous concerne tous.

Au commencement, un questionnement minoritaire…

La littérature romantique allemande depuis la fin du XVIIIe siècle regorge ainsi d'exemples de lettrés, fils de nobles, de notables ou de pasteurs, tenaillés entre le confort qu'offrait une carrière de marchand, de prêtre ou de fonctionnaire, et l'envie de devenir poète, peintre ou philosophe. Schopenhauer renonce à reprendre la succession de la maison de commerce familiale pour vivre de ses rentes et consacrer son temps libre à la philosophie. Hermann Hesse, non sans difficultés intérieures, ne sera pas pasteur comme son père mais écrivain, et reconnu comme tel. Tandis que Kafka ne sera ni commerçant, ni entrepreneur, ni écrivain non plus – si ce n'est à ses heures perdues – mais employé d'une compagnie d'assurances.

Pour autant, de tels débats n'ont longtemps concerné qu'une minorité. Bien d'autres n'avaient pas le choix, ou le vivaient ainsi. Ils travaillaient dès l'enfance là où on pouvait les employer, reprenaient le métier de leur père comme leur père l'avait fait avant eux, devenaient prêtres parce qu'on l'avait décidé à leur place, ou s'engageaient dans l'armée faute de pouvoir faire autrement. Certaines étaient placées comme domestiques, parce que leur famille ne pouvait pas les nourrir, restaient chez leurs parents à faire tourner l'exploitation familiale, ou se mariaient et renonçaient ainsi à toute forme d'activité sociale officielle et rémunérée. Et c'était sans doute confortable aussi de marcher ainsi dans les traces que la famille et la société disposaient par avance sous nos pas. Un proverbe allemand d'ailleurs le dit bien : « *Wer hat die Wahl hat die Qual* », littéralement « qui a le choix a la douleur ». Pas de choix, pas d'enjeu. Pas de choix, pas de souffrance ?

Progressivement cependant, en devenant plus riche, plus ouvert, plus démocratique, plus capable de production et plus soucieux de consommation, notre monde a changé. Dans un premier temps, il a changé de façon encore relativement simple pour les acteurs du monde économique concernés, puisqu'il a offert à tous le cadre d'une croissance quantitative régulière. À défaut d'être vraiment « à sa place », il devenait ainsi possible – et toujours confortable – de bénéficier d'« une place » durable. La famille, c'était désormais souvent l'entreprise, qui décidait de ce que nous allions faire, où, comment et pour quelle rémunération, mais en même temps nous protégeait et nous nourrissait durablement, toute notre vie parfois.

Cependant, comme « la seule chose qui ne change jamais, c'est que tout change toujours tout le temps », comme le dit un vieux livre classique chinois[1], les choses sont devenues progressivement plus compliquées. Mû par son propre mouvement de croissance, l'Occident a saturé ses marchés, jusqu'à rendre la croissance difficile, sinon improbable. Soucieux pourtant de faire toujours plus, encore et toujours plus efficace et plus rentable, les pratiques professionnelles se sont durcies, les licenciements se sont multipliés, le niveau de pression a considérablement augmenté. Et dans le même temps, à force d'éducation et d'information, les individus – citoyens, consommateurs, producteurs – sont devenus toujours plus autonomes…

… À l'arrivée, une nécessité

Aujourd'hui, nous évoluons ainsi – plus que jamais – dans un monde à la fois très ouvert et très instable, très concurrentiel… et largement saturé. Trouver sa place, paradoxalement, n'a donc

---

1. Citation extraite du Grand Commentaire du Yi Jing, ou « Livre des mutations ».

jamais été à la fois aussi facile et aussi urgent, aussi difficile et aussi contraignant.

Facile parce que nous n'avons jamais disposé d'autant de moyens pour le faire, d'accès aux informations, aux conseils et aux réseaux nécessaires. Facile aussi parce que les schémas collectifs les plus rigides se sont assouplis. Être au chômage n'est plus considéré aujourd'hui comme une honte, puisque cette situation peut et va arriver à tout le monde. Changer de voie n'est plus vécu comme une aberration, puisque nous n'aurons souvent même pas le choix de faire autrement. Prendre un congé sabbatique ou demander un CIF[1] n'est plus nécessairement une anomalie coupable, mais aussi l'acte créateur d'un employé soucieux tout à la fois de son bien-être et de son employabilité. Créer son entreprise peut ne constituer ni une aventure hasardeuse réservée aux plus téméraires, ni un accès de folie, mais bien le moyen le plus rapide d'accéder à une certaine indépendance. Globalement, collectivement, rechercher sa place à soi n'est plus une transgression.

Difficile en même temps, parce que les places, justement, n'ont jamais été aussi chères. Moins de croissance et plus de compétences mènent mécaniquement à plus de concurrence. D'aucuns disent ainsi aujourd'hui que la « lutte des places » a remplacé la lutte des classes. Vision sans doute aussi manichéenne que la précédente, mais pas plus exempte de vérité qu'elle. Le niveau de compétences a augmenté, donc le niveau de compétition aussi.

---

1. Congé individuel de formation.

UNE PRÉOCCUPATION ACTUELLE ET CRUCIALE

Contraignant, dans tous les cas, parce que nous avons ainsi de moins en moins le choix. Quand nous pouvions rester trente ans dans la même entreprise, le même commerce, la même administration, la même fonction, sans trop d'efforts, avec en prime des perspectives de croissance régulière, changer de voie était un luxe que la plupart se gardaient bien de s'offrir. Quand nous risquons d'être licenciés demain, sinon plus tard, que l'évolution des marchés, des techniques ou des réglementations va de toute façon, inéluctablement, bouleverser nos repères actuels, la question se pose nécessairement en d'autres termes. D'autant que chaque incident, chaque départ, chaque tournant suppose que nous retrouvions un job, donc que nous parvenions à convaincre chaque fois de nouveaux employeurs, de nouveaux clients, de nouveaux partenaires de notre compétence et de notre motivation…

C'est pourquoi, enfin, la question est devenue urgente. Collectivement parce que l'activité économique se fait toujours plus exigeante, et qu'il n'y a aucune raison de penser qu'il puisse en aller différemment demain. Individuellement parce que, pour s'y adapter, chacun devra savoir toujours plus précisément ce qu'il est, ce qu'il veut, ce qu'il sait faire. Afin de survivre, mais aussi de grandir, en actualisant toujours mieux son savoir-faire et son potentiel propre. Cette recherche de soi, en effet, est aussi la voie de notre évolution. Et la difficulté que le monde actuel nous propose en est aussi la clé.

Chacun et tous ensemble, nous avons ainsi à réfléchir à ce qu'est notre vraie place, c'est-à-dire celle où ce que nous sommes, ce que nous portons de plus spécifique, apportera au monde la contribution la plus positive. Dans le respect de son service et de notre épanouissement.

Tant qu'à ne pas en avoir le choix en effet, autant en prendre son parti… Pour en tirer le meilleur.

Chapitre 2

Comment envisager la souffrance ?

Il nous a été presque impossible de parler de notre projet d'ouvrage sans voir immédiatement surgir chez nos interlocuteurs le thème de la souffrance : celle-ci étant largement considérée comme *le* problème numéro un, reléguant tout le reste loin derrière… Pourtant, nous avons choisi de ne pas le traiter. Non par provocation, mais parce que tout simplement, pour nous, le problème ne se pose pas en ces termes.

Selon nous, la souffrance n'est pas à envisager comme une fatalité, où la vie professionnelle serait systématiquement, un jour ou l'autre, associée à la violence, à l'humiliation et à la dégradation des conditions de travail. C'est plutôt le signe que quelque chose ne fonctionne pas, et en ce sens, il est plus utile de la considérer comme un indicateur que comme un « coup du sort »…

Un symptôme à ne pas négliger

La souffrance existe et il n'est pas question de la nier. Pourtant, au lieu de la considérer comme quelque chose d'inéluctable, qui envahirait sournoisement les univers professionnels, en les transformant en champs de bataille où d'innocentes victimes se feraient détruire par de méchants bourreaux, il nous semble plus intéressant de prendre un autre point de vue. D'entendre, par exemple, plutôt comment elle nous parle de nous.

En effet, pour nous, la souffrance n'est jamais qu'un symptôme qui révèle que nous ne sommes pas à notre place : soit dans le rapport à l'autre, soit dans nos conditions de travail elles-mêmes, ou encore parce que ce que nous faisons n'a pas de sens et ne correspond à rien de cohérent. Traiter de la souffrance au travail, sans la replacer au cœur d'une dynamique personnelle, d'une histoire singulière, dont nous sommes – depuis le début – l'acteur principal, c'est oublier à quel point nous sommes responsables de ce que nous générons.

Bien sûr, la société s'est durcie, les entreprises sont parfois des lieux où règnent violence, injustice, brutalité et bêtise. Bien sûr, il existe des patrons qui harcèlent. Mais nous n'arrivons pas face à eux sans y avoir participé, à un moment ou à un autre – souvent, sans le savoir, il est vrai. En outre, celui qui nous attaque n'est jamais à sa place, lui non plus, et sa position n'est en rien plus enviable que la nôtre. Nous incarnons chacun les deux faces d'une même problématique, qui traduit une incohérence profonde et un manque de relation avec nous-mêmes et notre véritable projet.

Évaluer notre part de responsabilité

En effet, les scénarios dans lesquels nous nous trouvons et les rôles que nous jouons ne se mettent jamais en place de manière totalement aléatoire. Nous les vivons parce qu'ils sont préinscrits en nous et que nous cherchons à tout prix, de façon parfois très inconsciente, des partenaires pour les mettre en scène dans la vie réelle. Ainsi, une organisation extérieure telle l'entreprise, ou l'un de ses membres (patron, collaborateurs…), n'a pu nous broyer que parce qu'à un moment donné, nous lui avons prêté notre concours…

Accepter d'identifier notre part de responsabilité dans la souffrance que nous ressentons nous permet d'intervenir pour nous-mêmes, là où il est question de changer ce qui ne va pas. Comprendre à quel moment il est temps de quitter un environnement professionnel stérile, de dire non à une relation toxique, de cesser de prêter le flanc à un autre qui nous infériorise, nous permet d'envisager de ne plus subir les choses. Prendre conscience de la manière dont nous avons contribué à créer ces situations de malaise, de drame, d'inconfort, d'échec, nous rend acteurs de notre vie, capables de la transformer selon notre désir.

Où, comment et pourquoi en sommes-nous arrivés là ? Dans quelle mesure sommes-nous *complices* de la situation qui nous fait souffrir ? À quoi « jouons-nous », même si, en apparence, tout accuse l'autre, les autres, la société hypermoderne, l'entreprise, etc. ? Telles sont les questions qu'il convient de se poser pour pouvoir quitter enfin notre statut de victime.

Ainsi, la souffrance pourrait plutôt être perçue comme notre alliée, en quelque sorte. Un révélateur témoignant à quel point nous ne sommes pas à notre place, à quel point tout cela est bien le signe d'une erreur, quelque part, dans notre façon de rencontrer le monde : à un endroit qui n'est pas fait pour nous, dans une interaction qui ne nous convient pas. Et si la tendance actuelle véhicule souvent une vision manichéenne et infantilisante du monde professionnel, elle omet que nous sommes et resterons toujours les seuls à décider de la place que nous y occupons.

La question de la souffrance pose toujours, en filigrane, celle du *sens* que nous pouvons donner à notre travail. Si la société ne s'y confronte pas encore de manière collective – bien que le moment semble venu ! –, rien ne s'oppose, par ailleurs, à ce que nous le fassions, pour nous-mêmes, à notre échelle, puisque nous en avons la liberté, aujourd'hui plus que jamais.

La souffrance, comme un avertissement ?
Quand un sportif de haut niveau souffre dans son corps de trop d'efforts, il sait que ce n'est ni une malchance ni une fatalité, seulement un voyant qui s'allume, comme un avertissement. Peut-être a-t-il trop forcé, trop longtemps. Peut-être n'a-t-il plus envie, est-il saturé. Peut-être son geste, sa posture ne sont-ils pas ou plus adaptés à l'effort qu'il pratique. Il doit donc s'arrêter, réfléchir, prendre le temps de se reposer, modifier quelque chose dans son geste, ses habitudes, ses modalités d'entraînement...
Mais ce qui est vrai de cette place très particulière qu'occupe un sportif professionnel est sans doute un peu vrai de toutes les places au fond. Si je souffre au travail, si mes attributions, mon patron, mon environnement me font souffrir, n'est-ce pas toujours – directement ou indirectement, consciem-

Comment envisager la souffrance ?

ment ou non – parce que quelque chose en moi ne va pas ? Parce que je n'aime pas, que je n'aime plus ce que je fais ? Parce qu'en moi quelque chose veut changer, évoluer, sortir, faire autre chose, autrement ? La souffrance ne doit-elle pas être toujours entendue ainsi, comme une indication, le signe que quelque chose justement n'est plus en place et doit être réajusté ?

Chapitre 3

Définir les mots... et les objectifs

Nous l'avons vu, occuper une position qui nous convienne, qui soit source de satisfaction et d'épanouissement, ne se fait pas sans efforts ni remise en question. S'autoriser à choisir, trouver un sens au métier que l'on exerce passe ainsi par la compréhension de ce que nous sommes, de ce que nous désirons réellement, mais aussi par la définition de nos objectifs en termes de place et de travail.

La place, un espace à orchestrer

Prendre sa place, trouver sa place… Le terme est si fréquemment utilisé qu'il ne semble pas utile de le définir tellement il parle de lui-même ! Néanmoins, précisons quand même en quelques mots ce que nous entendons, nous, par place, dans le contexte professionnel qui nous occupe ici.

La place est le *territoire* que nous occupons, qui nous est réservé, à partir duquel nous exerçons notre métier et dans lequel nous pouvons nous déployer autant qu'il est juste pour nous. Il sert à nous définir dans le milieu professionnel, et la manière dont nous en prenons possession nous appartient entièrement. Ce territoire peut avoir une forme unique, ou, au contraire, être un assemblage de plusieurs activités différentes.

La place est aussi envisagée ici comme une *construction* psychique : elle désigne l'espace « intérieur » d'où nous pensons et organisons notre travail, consciemment ou pas. C'est donc un ensemble de représentations, d'images, de croyances, que nous mettons en scène, orchestrons et interprétons dans notre vie professionnelle, selon des scénarios qui nous sont plus ou moins connus.

Définir sa place au travail reviendrait donc en premier lieu à composer entre notre monde intérieur et notre environnement extérieur, à explorer ces deux aspects pour les mettre en adéquation.

Le travail, une contribution à négocier

Le travail, en français, n'a pas bonne presse. Le dictionnaire français nous renvoie en effet d'emblée… à la souffrance. Non pas à l'utilité, ni à l'œuvre, ni à la valeur sociale, ni même à l'effort[1], seule-

---

1. Même si les connotations négatives sont aussi très présentes dans l'anglais *labor,* l'italien *lavoro* ou l'allemand *Arbeit,* l'anglais *work,* comme l'allemand *Werk* (œuvre, ouvrage) renvoient, eux, à une dimension plus positive, d'action et d'énergie. Ils remontent en effet à une racine indo-européenne plus ancienne, *werg,* qu'on retrouve dans le grec classique *ergon,* « énergie, action, travail ».

Définir les mots... et les objectifs

ment à la pénibilité, à la douleur et au tourment. Difficile, dans ces conditions, de penser le sujet de façon positive, il est vrai...

Ainsi, dans le *Nouveau Petit Robert*, la toute première définition du mot « travail » est la suivante : « État d'une personne qui souffre, qui est tourmentée, activité pénible. » Seulement ensuite vient une définition plus neutre : « Ensemble des activités humaines coordonnées en vue de produire quelque chose. » Et beaucoup plus loin dans le corps du texte, une définition « sociale » : « Activité organisée à l'intérieur du groupe social et exercée d'une manière réglée. » Sans même parler d'étymologie, puisque l'on sait généralement que le mot « travail » dérive du latin *tripalium*, qui désignait... un instrument de torture. Et sans compter l'utilisation très ambivalente du mot « travail » pour décrire l'accouchement, ses douleurs et sa difficulté naturelle.

Au-delà pourtant de ces significations douloureuses, héritées culturellement de la faute (celle d'Ève) et de l'exclusion (du paradis), nous avons choisi de considérer ici le travail dans une acception sociale et positive.

Sociale, au sens où travail rime toujours quelque part avec contrat, employeur, client, rémunération. Positive, au sens où le travail se conjugue avec l'idée d'effort en vue de la production d'un bien ou d'un service utile socialement, suffisamment utile en tout cas pour faire justement l'objet d'une rémunération.

Pour nous, dans cet ouvrage, le mot « travail » renverra ainsi toujours à deux idées fortes :

- l'idée d'une production, dans une logique d'utilité collective ;

- l'idée d'une rémunération associée, donc d'un échange, d'un contrat, d'une transaction, d'une négociation entre le salarié et son employeur, ou le commerçant et son client.

Choisir une place au travail, c'est donc aussi choisir le lieu de sa contribution concrète et négocier la rémunération qui va avec, dans le cadre d'un contrat spécifique. Sujet hautement important, au moins au plan matériel, puisque c'est ainsi le lieu majeur de notre inscription dans le social. Dans une telle définition – à la fois dynamique et négociée –, on est ainsi loin des seules souffrances de l'esclavage. Condition nécessaire sans doute pour pouvoir « penser sa place » et non seulement « panser ses plaies »...

Aller vers une place « juste »

Chapitre 4

Autant le dire tout de suite, la place juste *n'existe pas* ! Ou plutôt, elle existe par *intermittence* : nous la vivons à certains moments privilégiés, lorsque l'ensemble de ce que nous sommes s'accorde – presque – parfaitement avec le travail que nous effectuons, dans une fluidité évidente et sans cesse renouvelée au quotidien… Mais cela n'est jamais définitivement acquis.

Penser que l'on va pouvoir trouver *sa* place et y rester accroché une fois pour toutes, sans jamais en bouger, est un fantasme, dont la vie se chargera tôt ou tard de nous débarrasser ! La « place juste » s'apparenterait plutôt à une trajectoire vers un idéal, parfois accessible, mais également sujet à des remaniements constants. Pour autant, il n'est pas *impossible* de s'en faire une idée précise…

Les maîtres mots : unité et cohérence…

Pour commencer, imaginons comment chacun pourrait répondre à la question suivante : suis-je heureux dans ma vie professionnelle, efficace, *engagé* dans une activité qui me nourrit, dans tous les sens du terme, et reconnue par le monde extérieur ? La place juste est – très brièvement résumée – celle qui nous permettrait de répondre à cela de façon positive. Elle va générer, bien évidemment, une démarche et des efforts très variables d'une personne à l'autre. Certains la trouvent d'emblée, tandis que d'autres auront besoin d'une réflexion approfondie et d'une analyse complète de leur personnalité avant de pouvoir en définir les bases. Mais pour tous, et quels que soient leurs parcours, pour qu'une place soit juste, il faut d'abord et avant tout qu'elle puisse témoigner d'une *unité* entre tous les éléments dont il va être question tout au long de cet ouvrage et que nous allons aborder brièvement ci-dessous.

En effet, pour nous, être à sa place, c'est avant tout expérimenter une *cohérence* entre :

- notre identité propre ;
- nos savoir-faire, talents, ressources, aptitudes ;
- nos aspirations et/ou notre « vocation » ;
- la façon dont nous pouvons le faire reconnaître par le monde extérieur, y compris sur le plan financier, bien entendu.

C'est pouvoir nous y sentir valorisés, appréciés pour ce que nous apportons, et profondément *légitimes*. Y vivre des contacts avec les autres globalement *fluides* et exempts de conflits importants. Y atteindre nos objectifs avec la conviction que ce que nous faisons a du *sens*, et que cela nous permet de nous déployer au mieux de ce que nous sommes.

Aller vers une place « juste »

Lorsqu'il est juste, notre positionnement au travail nous assure un sentiment de stabilité, de sécurité et de bien-être. Il est le garant de notre estime de nous-mêmes. Quelle que soit notre fonction, celle-ci a une raison d'être qui se renforce au fil du temps, grâce à une interaction positive avec nos différents interlocuteurs. Cette expérimentation renouvelée au quotidien crée des repères pour l'individu que nous sommes, et lui donne le sentiment d'appartenir à sa communauté d'une façon intelligente, c'est-à-dire en utilisant pleinement et le plus librement possible ses capacités, ses dons, son ingéniosité, quels que soient ces derniers.

Il ne s'agit pas seulement d'avoir une bonne image de soi, mais d'être profondément ancré dans un lien significatif, actif et vivant avec la réalité. Ce qui suppose, bien sûr, de pouvoir faire alliance avec elle, ce dont nous reparlerons de façon plus approfondie par la suite.

Rêve ? Utopie ? Nous faisons le pari qu'au contraire, c'est bien le défi de chacun, pour aujourd'hui, pour demain. Et que cela, loin d'être une vision chimérique et un fantasme irréalisable, est à la portée de tous, pourvu que l'on s'en donne les moyens et que l'on creuse assez profondément pour déceler ce qui pourrait nous en éloigner, ou, pire, nous en interdire l'accès…

Très tôt, le monde nous demande de nous définir et de choisir ce que sera notre future carrière professionnelle. Même si cela risque de bifurquer un certain nombre de fois au cours de notre trajectoire. Trouver sa place au travail fait indéniablement partie des défis majeurs de notre existence.

... Autonomie et liberté

Pourquoi accorder à cette question autant d'importance ? Parce que c'est le lieu même de notre autonomisation. Gagner de l'argent est la condition *sine qua non* de notre indépendance. De là, et de là uniquement, nous pouvons faire des choix. De là, et uniquement de là, jaillit notre liberté. Tant que nous ne sommes pas capables d'assurer notre sécurité sur le plan financier, nous restons dépendants et, d'une certaine manière, emprisonnés dans une équation qui nous ramène en arrière. Être autonome, c'est pouvoir nous séparer de nos parents. Et nous aurons l'occasion de décrire en détail ce qui se passe lorsque ce processus de différenciation n'a pas eu lieu.

D'autre part, le travail nous sert à mesurer l'impact que nous pouvons avoir sur la société à laquelle nous appartenons. Que ce soit par l'action, la pensée, la parole ou la création, ou tout à la fois, ce que nous produisons déclenche une réaction à l'extérieur – plus ou moins en adéquation avec nos attentes. C'est bien là une manière de tester notre pouvoir, dans le sens littéral, sur la matière qui nous entoure. Et il est capital pour l'être humain de sentir qu'il agit sur son environnement, que celui-ci a besoin de lui et reconnaît le bien-fondé et l'utilité de ses services. Cette interaction donne du sens à notre existence, et nous inscrit complètement dans la réalité. Encore faut-il que nous soyons effectivement capables de la transformer à la mesure de notre désir… En ce sens, le travail est l'un des lieux privilégiés de notre incarnation.

Aller vers une place « juste »

S'il nous est assez facile de saisir l'importance de ce sujet sur le plan individuel, et notamment dans ses répercussions les plus visibles, son intérêt sur le plan collectif nous est, en revanche, moins souvent perceptible. Pourtant, l'un et l'autre se répondent en permanence. D'abord, parce que le collectif n'est fait que d'individus. La manière dont ceux-ci sont personnellement en lien avec le sens de leur expérience professionnelle rejaillira sur leurs comportements et leurs choix au sein de la société, qui évoluera forcément en retour.

D'autre part, comme nous l'avons évoqué dans nos avant-propos respectifs, les changements majeurs qui agitent le monde du travail à l'heure actuelle nous pressent de trouver des modes d'insertion différents, et de repenser notre place professionnelle en posant d'autres questions que celle de la rentabilité. L'enjeu, pour chacun de nous, est de parvenir à y trouver du sens, faute de quoi nous risquons de nous perdre et de ne plus savoir à quoi nous servons, ni pourquoi nous sommes là.

Chapitre 5

Les vraies solutions sont toujours singulières

Pour clore cette première partie, il nous semble essentiel enfin de rappeler que – si l'objectif est bien de définir, de chercher et de trouver une place qui soit vraiment la nôtre – le parcours correspondant ne peut donc qu'être singulier.

Il serait bien sûr tentant de s'imaginer qu'il y a peut-être une méthode simple qui – en quelques leçons, quelques recettes et quelques « trucs » – nous permettrait de convertir une place qui n'est pas la nôtre en une place ajustée, comme une clé universelle, un « passe » qui ouvrirait toutes les serrures. Cependant, il n'en est rien. Nous sommes tous différents. Nos histoires, nos vécus, nos envies, nos peurs, nos atouts, nos limites, nos ambitions, nos trajectoires, nos vérités composent pour chacun d'entre nous un ensemble unique et spécifique. Nous ne partons jamais du même endroit, même si certains sont ou, plus souvent, semblent proches de ce que nous sommes. Nous n'allons pas au même endroit, même si l'objectif est bien pour chacun de trouver sa place à lui. Comme le disaient déjà nos grands-mères en effet, « il faut de tout pour faire un monde ». Il faut des médecins et des pompiers, des patrons et des employés, des joueurs et des entraîneurs, des bouchers et des informaticiens, des free-lances et des fonctionnaires, des ambitieux qui développent, des créatifs qui innovent, des gestionnaires qui rationalisent...

Face à cette diversité, face à cette singularité, chacun doit donc aborder sa propre question par rapport à ses propres valeurs, ses propres difficultés, ses propres doutes, ses propres objectifs. Et surtout par rapport à ses propres envies profondes, même si elles ont été (trop) longtemps enfouies, barrées, interdites. Vous ne trouverez donc dans ce qui suit ni « recettes miracle », ni méthodologies passe-partout, seulement des logiques à l'œuvre, des exemples éclairants, des conseils. Rien de si facile, rien de si évident, il est vrai. Plutôt des repères, et comme une incitation à aller de l'avant, vers le meilleur de soi-même. Parce que le chemin qui mène à sa propre place est toujours un chemin justement, personnel et singulier.

« Marche sur ton propre chemin, tout le reste n'est qu'égarement[1]. »

---

1. Cité par Gitta Mallasz, dans « Dialogue avec l'ange ».

DEUXIÈME PARTIE

De l'identification à la réalisation : trouver sa place à soi

DE L'IDENTIFICATION À LA RÉALISATION : TROUVER SA PLACE À SOI

Trouver sa place au travail est toujours un cheminement, un processus, composé d'étapes, mais aussi de difficultés, d'épreuves et de prises de conscience. Et avant de nous sentir ainsi enfin à notre place, nous nous heurtons généralement à des obstacles, dont nous ne comprenons même pas toujours la teneur…

Quels sont ces freins que l'on rencontre sur notre chemin ? Comment faire pour les appréhender ? Les surmonter ? Quelles sont les logiques et les dynamiques nécessaires pour s'approcher au plus près de sa juste place à soi ? Et comment savoir si l'on y est arrivé ?

Éprouver, identifier, dénouer, surmonter nos propres obstacles intérieurs, comprendre ce qui est possible dans le monde qui nous entoure, comment et à quel prix, sera ainsi nécessaire pour se réaliser et trouver sa place à soi.

Chapitre 1
Les difficultés : conditionnements inconscients et croyances trompeuses

Identifier, choisir, apprendre un métier qui nous concerne et nous intéresse, trouver à l'exercer concrètement dans des conditions qui nous correspondent durablement est déjà en soi un défi majeur. Mais c'est souvent d'autant plus difficile – quand ce n'est pas impossible – que nous sommes en plus conditionnés de l'intérieur pour ne pas y parvenir, ou pas bien, pas vraiment, pas complètement.

En effet, nos parcours sont orientés par un certain nombre de croyances, plus ou moins profondes, qui nous empêchent de trouver, et même parfois de chercher, les solutions qui seraient vraiment les nôtres. D'où sont issues nos certitudes ? Pourquoi sommes-nous persuadés qu'il nous faut être telle ou telle personne ? Agir de telle ou telle façon ?

Les différentes catégories que nous vous proposons sont loin d'être exhaustives, de même qu'elles ne sont pas réellement disjointes – la vérité est souvent faite d'un enchevêtrement de causes et d'effets – mais toutes parlent de vraies raisons de ne pas être à sa place vraie. Parce que nous sommes convaincus que trouver ou ne pas trouver sa place est d'abord affaire de conditionnements… donc aussi d'inconscient.

Vraies histoires… et faux exemples !

Pour construire notre réflexion tout d'abord, la nourrir ensuite, vous la rendre concrète enfin, nous avons choisi d'illustrer chaque fois notre propos avec des exemples vivants d'individus aux prises avec des questions d'orientation ou de réussite professionnelle. Tous ces exemples sont nés de vraies histoires, et nous ont été inspirés par un ensemble de personnages réels. Pour des raisons évidentes de discrétion et de confidentialité, tous ont cependant été largement modifiés et transposés.

Le piège de la loyauté

Trouver *sa* place, sa place à soi, suppose déjà de s'affranchir de toutes les places que l'on a voulues pour nous, et nos parents les premiers…

Dans les traces de la mère…
La mère de Valérie est très fière de l'entreprise de services qu'elle a créée il y a une vingtaine d'années. Valérie, qui aime beaucoup sa mère et l'admire pour ce qu'elle a fait, aimerait pouvoir lui offrir maintenant une retraite heureuse en poursuivant son œuvre et en valorisant au mieux l'entreprise

CONDITIONNEMENTS INCONSCIENTS ET CROYANCES TROMPEUSES

> familiale. Valérie a donc accepté de reprendre le flambeau et de manager la société à son tour. Seulement, si l'intention est noble et la filiation incontestable, la situation pose, de fait, deux questions délicates.
> D'abord Valérie, si elle est intelligente et vive, n'a sans doute pas les qualités d'entrepreneur requises pour mener à bien ce travail. Elle manque d'autorité, de vision, au fond elle manque de volonté et d'ambition. Ensuite, l'entreprise a vieilli, elle n'a pas su s'adapter au monde actuel. Ses méthodes sont maintenant obsolètes, les clients s'en vont et les résultats se dégradent, année après année.

Valérie semble plus animée par son amour et sa fidélité à sa mère que par une réelle ambition professionnelle et rien ne dit qu'elle aurait privilégié la voie du management si les conditions avaient été différentes. Par ailleurs, si elle est consciente de la situation de l'entreprise familiale et admet que des réaménagements sont nécessaires pour éviter la faillite, sa mère n'est pas prête pour autant à remettre en question son œuvre, ni à laisser plus de marge de manœuvre à sa fille.

Ainsi, prisonnière de ses conditionnements familiaux et de sa loyauté, Valérie se débat comme elle peut dans une contradiction insoluble. Rien n'est en place, donc rien ne va bien. Ni elle, condamnée à échouer, prise dans un jeu qui n'est pas le sien, ni l'entreprise et ses équipes.

Pour réussir à redresser l'entreprise familiale, il faudrait donc que Valérie remette en question sa position et celle de sa mère, qu'elle s'interroge sur ses réelles motivations, qu'elle questionne cet héritage transmis pour pouvoir justement le réinventer.

Notre place... ou la leur ?

Pour *qui* travaille-t-on ? Comment, pourquoi et pour qui choisit-on tel ou tel métier ? Et d'ailleurs, qui choisit véritablement ? Nous imaginons que nous sommes les seuls à décider de tout cela, à partir de *nos* aspirations et de *nos* capacités. Or, la vie professionnelle est certainement un des lieux où les déterminismes familiaux sont le plus massivement opérants. Parce qu'il s'agit de *notre* trajectoire professionnelle, nous oublions, en effet, qu'elle s'est toujours construite d'abord dans un *climat* particulier : celui de nos parents, dont nous avons capté – inconsciemment – les références, les valeurs, les difficultés, les interdits, les espoirs insatisfaits...

Double conséquence : à la fois, dans notre manière de nous représenter le travail (donc de l'aimer ou pas, de l'accepter ou pas), mais aussi de nous placer dans la continuité de nos prédécesseurs, en termes de carrière, de motivations, de « missions »... En effet, face à leur histoire, quelle va être notre posture ? La répétition de scénarios d'échec ou de souffrance par loyauté ou pour ne pas les trahir ? La réparation, avec pour nous l'obligation de réussir à tout prix là où ça n'a pas marché pour eux ? La continuation de leurs propres créations et activités, pour leur faire plaisir, pour être importants à leurs yeux, pour gagner leur amour, pour créer une dette à notre égard ?

Beaucoup d'entre nous sont ainsi « programmés » pour choisir un métier en fonction des attentes de leurs ascendants. Or, que se passe-t-il lorsque cette voie ne leur convient pas, ou pas tout à fait ? Peut-être feront-ils illusion un certain temps... mais à un

Conditionnements inconscients et croyances trompeuses

niveau plus profond, ils seront constamment soumis à une pression considérable. Ceux qui se laissent ainsi désigner une place de façon arbitraire se voient dépossédés de leur propre désir, en se conformant à des choix qui ne sont pas les leurs. Même si leur intention est de faire plaisir à certains membres de la famille, ce qui leur permet dès lors de ne pas déplaire, ils se sacrifient sur l'autel de la bonne conscience et du « familialement correct ».

Imaginer que d'autres pourraient prendre la direction de notre propre vie – impunément – est une illusion qui ne peut que déboucher sur des situations stériles et inutilement compliquées. Comme en témoigne l'exemple de Valérie : prise au piège entre le désir de plaire à sa mère, et ses propres compétences qui devraient l'orienter vers d'autres choix, elle ne peut rien faire aboutir et subit une situation qui se dégrade de toutes parts, sans comprendre que la solution est de choisir de se séparer de sa mère, *parce qu'elle ne lui doit rien*. Et surtout pas le sacrifice de sa propre trajectoire.

> **Pas plus loin qu'eux, surtout pas...**
> Michèle comme Luc ont connu dans leur travail une dynamique réellement positive. Ils ne se ressemblent pas : l'une a fait des études et pas l'autre, l'une travaille dans l'industrie, l'autre dans l'univers des services, l'un a managé des équipes importantes et pas l'autre. Cependant, tous deux ont de vrais points communs en termes de trajectoires. Ils ont en effet tous deux trouvé, plutôt facilement, un métier qui leur convenait. Tous deux ont ainsi progressé assez vite dans leurs carrières respectives. Tous deux ont donc commencé à bien gagner leur vie, mieux sans doute qu'ils ne l'avaient imaginé plus jeunes.

Et puis, vers l'âge de quarante ans, quelque chose s'est grippé pour l'un et l'autre. Au lieu de se détendre, d'apprécier cette réussite méritée, d'en profiter, de l'incarner, quelque chose, au contraire, les a comme dérangés. Michèle s'est fait licencier, pour pouvoir rester à la maison. Luc a commencé à stagner, et même à régresser en termes de position hiérarchique. Que s'est-il passé ? Quel est ce « quelque chose » qui fait soudain obstacle dans les parcours professionnels de Michèle et Luc ?

Michèle est originaire d'un milieu aristocratique, protestant, dans lequel il était impensable qu'une femme travaille, et fasse autre chose qu'élever ses enfants. Effectivement, après avoir été pourtant un cadre dynamique, active et engagée, elle ne travaille plus ou à peine, s'occupe de ses enfants, participe à des associations caritatives et vit de l'argent de son mari. Comme il se doit ?

Quant à Luc, issu d'une famille d'instituteurs, il a bien sûr été poussé à faire des études... Mais pas à assumer les fonctions sociales qui pouvaient logiquement en découler. Être bon élève, oui, patron, non. Malgré des compétences incontestables et de vraies qualités opérationnelles, il reste ainsi comme bloqué à un niveau relativement modeste encore d'expert interne, sans parvenir à le dépasser. Comme si devenir manager, donc « patron », était justement impossible, car interdit. Est-ce vraiment un hasard ?

Fidèles aux lois du clan familial

Jusqu'où a-t-on le droit d'aller en termes de carrière ? À cette question, nous n'imaginons le plus souvent qu'une seule réponse : le plus loin possible ! (Si tel est notre souhait et si nous sommes com-

Conditionnements inconscients et croyances trompeuses

pétents, bien sûr.) Certains y parviennent fort aisément, et atteignent un statut, un niveau de pouvoir ou de rémunération qui les propulsent alors bien loin de leur milieu d'origine. Que ce soit en changeant de classe sociale, en menant un train de vie plus flamboyant, ou encore en sortant de sentiers battus et de rôles stéréotypés tracés d'avance pour eux, ils s'affranchissent de leur famille, créant avec elle un éloignement parfois difficile à assumer. La facilité, le plaisir, la liberté que leur procure leur réussite professionnelle peuvent alors entrer en conflit avec les valeurs des générations précédentes et/ou leur donner l'impression de trahir leurs ascendants, de les abandonner, de faire preuve d'une arrogance coupable, mêlée d'ingratitude.

D'autant que certains parents ne voient pas d'un très bon œil que leurs enfants aillent aussi loin, qu'ils remettent en question leur suprématie, leurs habitudes de vie, de pensée, de comportements, ou encore qu'ils réalisent un désir auquel ils ont renoncé : devenir ce qu'ils auraient rêvé d'être… Les dépasser devient alors compliqué, à moins d'être assez fort pour oser transgresser l'interdit.

Lorsque c'est l'inertie qui prend le dessus, lorsque nous restons englués dans une forme de confort infantile qui freine tout mouvement vers l'avant, nous aurons tendance à invoquer la malchance, l'incompréhension de nos interlocuteurs, ou tout simplement la marque du destin, sans chercher à comprendre comment nous y avons participé. Or, c'est par loyauté, souvent inconsciente, que nous nous plions ainsi aux désirs de nos ancêtres au point de nous effacer, de nous mettre en échec ou de pratiquer impérativement un auto-sabotage efficace, pour ne pas leur faire de l'ombre.

Bien que l'on puisse s'en défendre, cette allégeance oriente en partie nos trajectoires et, notamment, notre manière de nous déployer dans le travail, d'un endroit qui, comme souvent, nous échappe totalement. Elle pose une limite invisible au-delà de laquelle s'aventurer est dangereux et fait planer une menace que beaucoup n'osent pas confronter : celle de *déplaire* à leur famille. Trouver sa place passe aussi parfois par ce chemin-là, aussi difficile qu'il puisse être. La loyauté, pourquoi pas ? Mais à qui d'autre qu'à nous-mêmes, d'abord et avant tout ?

Une légitimité difficile à assumer

Trouver sa place suppose également de s'accorder une valeur juste, ni sous-estimation ni surestimation de soi mais une conscience correcte de ce que nous sommes et de ce que nous ne sommes pas. Pour certains, cependant, reconnaître, affirmer sa valeur et assumer ainsi sa propre légitimité ne va pas de soi…

> **Je n'ai pas de valeur**
> Virginie est intelligente, rapide, curieuse, cultivée, capable de mener à bien de nombreuses missions d'études ou de développement, et quelque part elle le sait. Mais ce qu'elle ne sait pas, ne veut pas, ne peut pas savoir, c'est que ces qualités ont une valeur, et même une valeur marchande. Elle accepte donc facilement, trop peut-être, d'être sous-payée. Au début, parce qu'elle est jeune, et qu'il est lui est ainsi facile de trouver des employeurs utilitaristes qui la payent mal sous prétexte qu'elle a peu d'expérience.

Conditionnements inconscients et croyances trompeuses

> Ensuite parce qu'elle en a pris l'habitude, et que faute d'être payée, donc valorisée, elle commence à végéter dans des emplois, pour elle, subalternes. Plus tard, parce qu'il commence à lui devenir difficile d'envisager sa situation autrement, puisqu'il en a toujours été ainsi.
> Bien sûr Virginie souffre concrètement de ne pas avoir les moyens de vivre correctement, comme de ne pas être reconnue pour ce qu'elle saurait faire. Sans compter le sentiment d'infériorité qu'elle éprouve vis-à-vis de deux frères – plus jeunes – beaucoup moins timides en ce qui concerne l'argent. Mais comment faire ?

En effet, au-delà même de la prise de conscience intérieure profonde de ce qui l'a toujours freinée, se pose désormais aussi une question très concrète pour Virginie. Comment, à plus de quarante ans, convaincre un employeur, un recruteur, de son vrai potentiel quand on est payée à peine deux mille euros par mois depuis des années, à Paris, dans un monde de l'entreprise qui étalonne les individus en fonction de leur rémunération ? Comment aussi ne pas en être amère ? Et comment ne pas projeter cette amertume autour de soi ?

Ne pas s'estimer correctement n'est pas, en effet, une forme de modestie discrète et détachée, témoignant d'une humilité qui pourrait être louable. Se sous-estimer ne demande pas moins d'ego que de prétendre à des qualités que l'on n'a pas. C'est aussi une façon de se prendre pour ce que l'on n'est pas, avec les mêmes origines et les mêmes conséquences : rayonner autour de nous une sorte de lumière noire, transformer le monde en une caricature stérile, issue d'un miroir également déformant…

Il conviendrait ainsi d'abord, pour Virginie, de s'interroger sur sa valeur intrinsèque. Ce qui supposerait pour elle de se défaire d'un ensemble de croyances négatives, héritées ou construites, obstacles sur le chemin de la connaissance de soi et handicaps majeurs quand il s'agit de trouver sa vraie place au travail.

Ma valeur ? Quelle valeur ?

Déterminer sa valeur, savoir l'exprimer et la défendre pleinement, sans embarras et sans complexe aux yeux des autres, témoigne d'une assurance et d'une confiance qui, on s'en doute, vont bien au-delà de considérations purement « financières ». Oser revendiquer un certain prix pour ce que nous faisons ne peut reposer que sur une relation lucide, détendue et bienveillante avec nous-mêmes, soutenue, en arrière-plan, par un assez haut degré d'estime de soi. C'est ce qui nous amène à afficher ouvertement et facilement que nous avons de l'importance, et ce d'abord à nos propres yeux. Ainsi, il n'est question pour nous ni de le nier ni de l'escamoter pour quelque raison que ce soit.

Trop souvent cataloguées comme de l'égocentrisme, ou une forme d'indécence, la juste estime de soi et la capacité à faire reconnaître sa valeur sont pourtant des qualités primordiales et indispensables dans le domaine professionnel. Elles résument tout l'intérêt que nous nous portons, et sous-entendent qu'il est normal que les autres le partagent. Qui pourrait nous prendre au sérieux autrement ? Qui accepterait de nous donner ce à quoi nous n'osons pas prétendre ?

Conditionnements inconscients et croyances trompeuses

Ces questions en masquent d'autres, parfois plus dérangeantes : sommes-nous *autorisés* à nous accorder ce poids, cette densité ? Jusqu'à quel point comptons-nous pour nous-mêmes ? Est-ce légitime pour nous d'avoir besoin d'argent et d'oser le formuler ? Pouvons-nous même imaginer obtenir ce que nous demandons ?

La réponse est, pour certains, compliquée. Parce qu'encombrée de jugements sévères, dévalorisants qui les renvoient régulièrement et implacablement au néant. D'un bout à l'autre, le processus peut se gripper pour des raisons liées au regard des parents et à la manière dont ceux-ci ont entendu et répondu à la demande de reconnaissance de l'enfant. Il ne s'agit pas d'avoir été regardé comme un *objet* de valeur, mais bien comme une personne digne d'amour, et différente de soi – avec un destin propre – ce qui est loin d'être si répandu. Car très tôt, dès la naissance, la construction de l'identité et de l'estime de soi, rencontrant le monde extérieur, peut être sujette à distorsion : être l'enjeu de transactions affectives, sentir qu'au fond, on n'a de l'intérêt que parce qu'on pourvoit aux divers manques des parents, ou encore que, pour être acceptés, il faudra correspondre à ce qu'ils attendent de nous, ne prédispose pas à exiger quoi que ce soit, plus tard, pour soi-même.

Bien sûr, il y a des familles où l'argent est réellement synonyme de manipulations, escroqueries, faillites, dépossession, malheur. En gagner, c'est le perdre. En avoir, c'est être lié à d'autres qui l'ont obtenu de façon illicite. D'autres encore n'en ont jamais eu assez, ou ont contracté une « dette » mystérieuse, dont on ignore la source. On peut s'imaginer dans leurs traces, ou tout faire pour s'en tenir éloigné le plus possible. D'où des stratégies complexes d'échec financier, de dévalorisation, de refus inconscient de prospérer, qui se manifesteront sous des formes destinées à en masquer l'origine véritable.

Et puis, ne l'oublions pas, l'argent est – encore à notre époque – tabou. Nous avons trop facilement tendance à le considérer comme un problème mineur ou un sujet honteux, voire à le diaboliser, ce qui le rend d'autant plus difficile à évoquer avec intelligence et simplicité, y compris dans la vie professionnelle où il est, bien sûr, un enjeu absolument essentiel et totalement incontournable.

Surtout ne pas se montrer...
Sabine et Alice ont su trouver très vite une place au travail qui correspond à leurs compétences, leurs talents et leurs désirs. L'une est comédienne, l'autre sculpteur. L'une et l'autre sont profondément douées et vont être rapidement connues et reconnues comme telles. Talent évident, bourses prestigieuses, galeristes importants, commandes et collections publiques pour Sabine, présence charismatique et premiers rôles significatifs pour Alice. Elles aiment profondément ce qu'elles font, et le métier le leur rend bien. Incontestablement, elles ont ainsi, à un instant donné de leur carrière, vite et presque facilement réussi. Elles sont arrivées là où beaucoup rêveraient d'être.

Conditionnements inconscients et croyances trompeuses

Pourtant, leurs situations respectives commencent alors à se dégrader. Sabine, persuadée d'être victime d'un complot, abandonne sa position rêvée pour se réfugier socialement dans une position de victime, sans travail ni perspective. Alice, quant à elle, sombre dans une anorexie dévastatrice qui l'empêche de se montrer.

Elles expriment ainsi chacune d'une façon très pure – à la fois particulièrement brillante et profondément dramatique – une difficulté bien plus fréquente qu'on ne le croit quand il s'agit de trouver sa place au travail : assumer la place que l'on s'est assignée. Même si c'est heureusement rarement aussi net et aussi violent que dans le cas de Sabine et Alice, il est souvent moins question, en effet, d'avoir peur d'échouer… que d'avoir peur de réussir. Ne pas trouver sa place peut être ainsi d'abord une défense, une protection contre bien plus dangereux, car bien plus interdit : être vraiment à sa place propre et pouvoir le montrer.

Je n'ai pas le droit d'être visible

Et si prendre sa place était d'abord, et avant tout, une question d'incarnation physique, dans le monde extérieur ? Dans certains métiers, en tout cas, se montrer ou laisser entrevoir une part de soi aux autres est incontournable. Que ce soit sous la forme d'une production, d'une œuvre, ou de son propre corps, quelque chose doit se révéler, de l'ordre du personnel, voire de l'intime, pour s'exposer délibérément aux regards et s'afficher dans le monde le plus ouvertement possible. Pour que ce que l'on crée, à travers sa présence, sa voix, ses gestes, puisse rencontrer son audience, sa clientèle, ses acheteurs potentiels. Parfois, cette étape est tout simplement impossible, voire insoutenable, quand se rendre visible relève du danger, de la menace, ou d'un interdit pas toujours identifiable, mais suffisamment puissant pour dissuader celui qui s'y confronte de se dévoiler en public.

Comment tout faire, alors, pour s'empêcher d'accéder à cette place (ou éviter de s'y maintenir, lorsque le succès est venu – sans aucune difficulté, parfois – témoigner qu'on y est tout à fait légitime) ? En pratiquant, notamment, l'autosabotage systématique et souvent inconscient, sous une forme ou une autre. Toute tentative pour se mettre en avant sera donc – en même temps – entravée, ou torpillée en sous-main par une opération contraire au résultat recherché, visant à défaire par n'importe quel moyen ce qui rendrait visible, honoré, reconnu. Ce qui donnerait une place parmi les autres à un être pleinement vivant, assumant son identité de femme ou d'homme, libre de rayonner, de faire éclater son talent, son génie, sa beauté, son intelligence, sa créativité… Quelles que soient les manifestations de ces comportements d'échec, elles sont destinées à provoquer une mise à l'écart temporaire ou définitive, souvent attribuée à la malchance, ou à l'incompréhension des autres : des projets qui échouent, des réponses toujours négatives, une désaffection du public, un manque d'inspiration…

D'où vient ce besoin de s'effacer, cette peur d'exister aux yeux des autres alors qu'on en a tellement envie et/ou besoin ? Être regardé renvoie toujours à la manière dont nos parents nous ont regardés, bien sûr. Et à ce que cela a pu provoquer en nous comme sensations, plus ou moins ambivalentes. Avoir un corps et le montrer, se sentir présentable et digne d'intérêt : tout cela se construit très

CONDITIONNEMENTS INCONSCIENTS ET CROYANCES TROMPEUSES

tôt dans la relation à ceux qui nous élèvent. Avoir une mauvaise image de soi, refuser son identité sexuée ou en avoir honte, tout cela est assez répandu… La relation à soi-même de ce point de vue n'est jamais si aisée. Mais il ne s'agit pas toujours que d'une histoire d'enfance : parfois, l'interdit et l'inhibition sont des vestiges d'une autre histoire, plus ancienne, que nous ne connaissons pas forcément, loin s'en faut.

Les aléas du roman familial jouent, eux aussi, un rôle non négligeable dans la manière dont chacun va se présenter face au monde extérieur, dans le domaine professionnel. Un héritage vécu comme honteux à certaines époques (faillites, illégitimité…), ou transmis par des ancêtres au parcours controversé, peut maintenir les descendants dans l'obligation de ne pas trop s'exhiber, afin que personne ne puisse découvrir « d'où ils viennent ». Pour d'autres, dont l'histoire charrie des souffrances indicibles (dépossession, exil, extermination), il faudra rester loyal à ceux qui ont souffert, perdu, manqué. Être heureux et réussir en pleine lumière peut donner aux descendants le sentiment d'être bizarrement vulnérables – car trop exposés –, ou coupables de trahison. Ne pas se faire remarquer, réussir « mollement », ne pas faire de bruit ni attirer l'attention sur une filiation difficile à assumer : faire oublier définitivement le passé, et ce faisant, se faire « disparaître » au passage peut devenir la seule stratégie autorisée.

Le travail, une aliénation ?

Trouver sa place au travail suppose également d'envisager ce dernier sous un angle positif, et non comme une aliénation, un pis-aller, ou encore un lieu où l'on doit renoncer à soi-même et se dissimuler.

Je ne peux être moi-même et travailler...
Alexis est un garçon brillant, il le sait et ses études parlent pour lui. Non content d'être brillant, Alexis est aussi un garçon original, créatif, inspiré. Compte tenu de ce qu'il pense, de ce qu'il imagine, de ce qu'il écrit, il ne peut pas ne pas le savoir. Mais, comme son père avant lui – militaire le jour, écrivain la nuit –, Alexis ne pense pas qu'il y ait une place pour lui sur des bases véritablement personnelles. Au contraire, il est même convaincu que le monde du travail va nécessairement lui demander d'être ce qu'il n'est pas et ne veut pas être, mais qu'il ne sait pas refuser non plus. Très bien diplômé, ayant donc le choix de ses conditions d'insertion dans la vie active, Alexis ne va pas chercher des postes qui lui correspondent... mais bien plutôt des postes qui lui permettent de dissimuler ce qu'il est. Il préférera ainsi la comptabilité à la littérature, la solitude à l'échange, l'analyse à la spéculation, les processus à l'imagination. Tout en souffrant bien sûr de devoir vivre ainsi caché (qui n'en souffrirait pas ?). Tout en rêvant d'une autre vie, plus libre et plus créative. Tout en souffrant aussi de ne pas réussir, de ne pas être reconnu, comme il aimerait l'être, à la hauteur du talent qu'il porte, mais n'exprime justement pas. Car, même s'il fait bien le métier qu'il a choisi par défaut, il est trop différent de ceux qui l'entourent pour être vraiment convaincant. Ses patrons souvent ne l'aiment pas, s'en méfient, sentent bien qu'il n'est pas l'un des leurs. Moins il est lui-même, moins il est rayonnant, plus il se cache, moins il progresse. Au final Alexis s'ennuie, et parce qu'il s'ennuie, beaucoup, trop souvent, s'enlise et ne crée pas, ne crée plus, même pas la nuit, même pas le dimanche. En une double perte de fait, pour lui bien sûr, mais aussi pour les autres, tous les autres, ceux qui auraient pu rencontrer un être créatif et pas un homme fatigué, ceux qui auraient pu lire ses livres, s'en éclairer et s'en réjouir...

CONDITIONNEMENTS INCONSCIENTS ET CROYANCES TROMPEUSES

Tout être profond s'avance masqué ?

Le monde du travail nous accueille, sans qu'il soit besoin pour nous de prétendre y être « quelqu'un d'autre ». Pourquoi en serait-il autrement ? L'univers professionnel est, certes, relativement formaté, contraignant, et oblige à être un tant soit peu conforme *en apparence et dans une certaine mesure,* notamment en entreprise. Il ne barre pour autant pas la route à ce que nous sommes profondément. Mais pour Alexis, il constitue – bizarrement – la seule alternative « sérieuse », comme si tout devait y être avalé, y compris la singularité la plus essentielle, la plus irréductible. Et celle-ci, loin d'être reconnue comme source d'inspiration légitime et première, devient alors un élément indésirable, à mettre en quarantaine. Cette conception inhabituelle va à l'encontre d'une tendance très actuelle de « survalorisation » de l'ego, prônant l'individualisme à tout prix. Mais ce n'est pas tant d'une dissolution de l'être dans quelque chose de plus large qu'il s'agit ici. Plutôt d'un déni. « Je » suis totalement obscurci. « Je » n'ai le droit de cité que si « je » mets un costume, faux et terriblement éloigné de ce que je suis et des valeurs profondes qui m'animent. Sacrifice ? La violence de l'attaque contre soi dénote forcément un violent interdit d'exister, un renoncement à l'expression de son « génie », de sa créativité. Que portent-ils donc de si dangereux, de si impudique ou tabou ? Les aspirations d'Alexis et ses talents pourraient au contraire être largement exploités dans un « entre-deux ». Or, tout l'ensemble de sa carrière va viser à jouer une part de lui contre l'autre, à ses dépens. Pour payer quoi ?

On peut imaginer que le passé familial pèse lourd dans sa manière d'envisager sa place. Une telle configuration signe l'impact dévastateur d'une censure instaurée à travers les générations, où l'expression de soi et l'inventivité ont pu faire l'objet d'une mise en pièces répétitive. Il s'agit souvent d'un renoncement brutal à une carrière d'artiste ou à un monde imaginaire particulièrement foisonnant, par exemple, qui entraîne une nostalgie de cet univers perdu pour toujours. N'autorisant aucun descendant – garçon ou fille, selon les cas – à se distinguer ailleurs que dans un cadre très strict et très conventionnel. Bien sûr, d'autres causes peuvent avoir ce type d'effet, mais l'injonction familiale imposera, chaque fois, de se soumettre à une répudiation définitive des valeurs personnelles, quel que soit le prix à payer. Un broyage de l'âme et de la dimension du rêve, en quelque sorte. Les héritiers auront en charge de briser cette condamnation en choisissant de se montrer en pleine lumière, sans renier leur part inspirée et originale, et en osant revendiquer leur identité unique au sein d'un monde pluriel, pour la soutenir et l'incarner dans un réel qui a besoin d'eux. Depuis toujours et *encore plus* aujourd'hui.

> **Votre monde ne me concerne pas**
> Patricia déteste les contraintes et rejette en bloc le monde de l'entreprise, depuis qu'elle y est entrée, à vingt-cinq ans, sans l'avoir réellement ni décidé ni choisi. Le cadre, l'autorité, le discours, l'assujettissement à une forme imposée de l'extérieur : tout cela, au fond, lui est étranger. Elle est enfermée – sans le savoir – dans une vision manichéenne, où toute organisation est un lieu de soumission à des enjeux incompréhensibles, où ce que l'on porte de singulier est condamné à être jeté aux oubliettes et où rien de personnel

Conditionnements inconscients et croyances trompeuses

ne peut donc s'y exprimer, ni être reconnu. Cet état d'esprit ne lui attire naturellement que des situations tronquées, alimentant ses croyances négatives, n'aboutissant ainsi jamais à rien de valorisant pour elle.
Depuis l'enfance, à l'école, et ensuite au lycée, l'exposition à un savoir institutionnel, conformiste, sans subtilité, et niant de près ou de loin toute forme de mystère, ou de lien avec un ailleurs indicible a contribué à construire et alimenter, en elle, cette séparation entre deux réalités inconciliables. D'un côté, des lieux de formatage, vides, inquiétants et profondément ennuyeux et, de l'autre, un univers imaginaire riche, coloré, vivant et synonyme de liberté. Très vite consciente d'un décalage étrange entre ce monde intérieur, inspirant, habité, et porteur de sens, et une réalité incarnée par des adultes tournés avant tout vers une dimension plus quotidienne et plus « banale », Patricia passe son enfance et son adolescence à se cacher derrière une façade impénétrable et, *a fortiori*, à ne plus vraiment occuper aucune place...
Entrée dans la vie active de façon totalement aléatoire, sans imaginer que l'on puisse s'y appuyer sur ce qui vient de l'intérieur, Patricia va d'échec en frustration, totalement coupée de ce qu'elle est, profondément hostile à un monde dont les règles lui échappent, mais ne l'intéressent en rien. Réduction, enfermement, renoncement deviennent les maîtres mots de sa vie professionnelle. Les contacts avec les autres ne font que rappeler constamment une distance infranchissable, une incommunicabilité abyssale et définitive. Pour elle, l'intériorité, le rêve, l'invention n'ont et n'auront jamais droit de cité au travail. Il ne peut rien s'y passer. Mais au fond, en vertu de quel étrange conditionnement ?

Je n'accepte pas le réel tel qu'il est

Le travail, pour certains, est un ennemi juré. Parce qu'il contraint et fige dans une forme. Impose un cadre et oblige à tenir compte de l'autre, des autres, et d'un monde extérieur limitant, aux contours précis et aux règles très éloignées de toute dimension magique et romanesque... Or, comme tous les enfants introvertis[1], Patricia vit principalement dans son monde intérieur, et privilégie largement le domaine de l'imagination, aux dépens de tout ce qui l'entoure. Il aurait été juste d'encourager, assez tôt, sa nature intuitive et son inventivité, tout en lui apprenant à ne pas se couper du monde pour autant. Et à approfondir ses talents et ses dons avec assiduité, pour qu'elle puisse les utiliser plus tard, à bon escient, dans un métier approprié. Bien sûr, ce type de qualités n'est pas toujours pris au sérieux, ni reconnu par les parents ou l'entourage. Il peut d'ailleurs être interprété – à tort – comme une forme d'inadaptation par un système d'éducation plutôt de type « cerveau gauche » (c'est-à-dire privilégiant la logique, la rigueur et le rationnel au détriment de la créativité et d'une vision globale des choses).

Pour que tout cela devienne pour elle une source d'inspiration, et non un refuge systématique et défensif, Patricia aurait eu besoin, très vite, d'apprendre à ne pas survaloriser son espace personnel, son jardin secret, et à ne pas déconsidérer ce qui se passait autour d'elle pour vivre avec le monde une relation équilibrée. Et à entendre qu'il ne s'agissait pas de *choisir* entre les deux car tous deux avaient bien leur place, et pouvaient, d'ailleurs, très bien communiquer et s'enrichir l'un l'autre. Cela n'a pas été le cas. Et, contrai-

---

[1]. L'introversion, au sens où C.G. Jung l'a définie, est une tendance à vivre en prenant uniquement le monde intérieur comme référence, en opposition à l'extraversion, qui est une tendance à se comporter principalement en fonction du monde extérieur.

Conditionnements inconscients et croyances trompeuses

rement à Alexis, qui s'insérera en faisant disparaître au passage toute trace de singularité, Patricia, elle, va se refermer sur elle-même en faisant de son intériorité la seule et unique réalité : c'est le monde extérieur qui sera nié et rejeté avec une hostilité radicale. Pire : il n'existera plus que comme une contrainte inutile et ne sera jamais pris en compte.

La seule façon de dépasser, un jour, ce clivage, cette séparation féroce entre soi et les autres, qui se rejoue sans relâche, bien sûr, dans la vie professionnelle, est de changer radicalement de posture. De décider, consciemment, de déposer les armes, en essayant d'assouplir cette tendance excessive à l'introversion, qui déséquilibre la personnalité. De fait, pour trouver sa place au travail, Patricia doit guérir de l'illusion que seul le monde intérieur a le droit d'exister, aux dépens du déni de tout le reste. Ouvrir la porte, passer de l'opposition à l'alliance... Sortir d'une tour d'ivoire ?

Sinon, le prix à payer pour faire relativement comme tout le monde risque d'être lourd, et les résultats souvent médiocres. Il ne lui resterait plus qu'à se soumettre et passer le reste de sa vie totalement masquée, absente, désincarnée, dans un travail qui n'a pas de sens, même en y étant relativement efficace et bien payée. Or, une vraie rencontre avec l'univers professionnel ne peut aboutir tant que subsiste un tel malentendu : trouver sa place est aussi une histoire d'amour avec le monde. Quelle que soit la manière dont cela commence...

> **Il n'y a pas de place pour moi**
> Judith comme Lucas sont encore jeunes, même s'ils commencent à l'être un peu moins. Ils aiment tous les deux la musique, vraiment, profondément, en jouent très bien, en composent un peu, mais savent - ou croient savoir - que, sauf hasard ou exception, on ne peut pas en vivre. De toute façon, ils n'ont pas l'hystérie des meilleurs candidats de la Star Ac', ni le courage de travailler toute la journée pour vivre leur passion la nuit. D'ailleurs, ils n'aiment pas le travail, pas ce qu'ils en connaissent en tout cas, pas sous les formes sociales que leurs parents leur ont léguées. Alors ils s'organisent. Judith poursuit des études à rallonge pour pouvoir rester chez ses parents, et profiter du confort matériel qui va avec. Lucas vit de petits boulots et d'aides sociales, à la limite de la marginalité parfois. Ils tentent ainsi durablement de survivre à la lisière du monde adulte.

« En profiter sans s'engager » pourrait être leur devise, surfant idéologiquement sur l'idée que – dans un monde « pourri » – s'abstenir est une forme de lutte et d'intégrité, même si au fond ce n'est qu'un alibi et qu'ils le savent. Parce que, quelque part, ils ne croient pas qu'il y ait une place pour eux dans ce monde-là. Parce que personne, peut-être, ne les a aidés à se faire du travail une représentation positive. Parce que la réconciliation de ce qu'ils sont et de ce qu'ils pensent qu'il faudrait être pour y trouver une place leur paraît, tout simplement, impossible et même impensable.

Travailler, pour quoi faire ?

Le travail nous pose deux questions essentielles : celle de la place et celle de l'incarnation, dans le sens de « donner chair à ». Il nous met face à la nécessité d'entrer dans le réel, à partir de ce que nous sommes, c'est-à-dire très concrètement en nous engageant sur tous les plans, y compris *corporellement,* dans le déploiement de stratégies professionnelles appropriées. Pour certains, cette étape de rencontre avec la dimension matérielle de l'existence est problématique. Organiser, planifier, plonger dans le monde avec l'intention de le modifier, d'y jouer un rôle… Tout cela paraît lointain et vague, comme s'il s'agissait d'un lieu virtuel, mais jamais réellement destiné à exister.

Manque de courage ? D'intelligence ou d'énergie ? Ou plus profondément, ne s'agit-il pas plutôt d'une forme particulière d'absence à soi-même, où être autonome et subvenir à ses besoins semble difficile, voire impossible. On ne peut s'empêcher alors de faire le lien avec certaines périodes de l'enfance, où le bébé est particulièrement passif et dépendant d'un autre qui le nourrit et prend soin de lui. Être partiellement fixé à ces étapes très « primitives » de la vie peut venir entraver la capacité de l'adulte à rejoindre les autres en prenant tout l'espace nécessaire, et en devenant acteur de sa vie… La notion même de travail devient alors presque caduque : pourquoi travailler si papa, maman, quelqu'un peut nous prendre en charge et nous éviter de grandir ? Trouver sa place implique, au contraire, de renoncer définitivement à toute forme de dépendance « infantile » pour expérimenter, dans la vraie vie, les endroits où notre implication peut devenir fructueuse. Là où nous tenons debout tout seul et sommes les architectes de notre propre destin.

Car les enfants n'ont pas leur place dans le monde du travail.

> **Le travail... Ce n'est pas la santé !**
> Laurent n'a jamais travaillé. Il pourrait, mais il n'en a jamais eu besoin. Son père lui a légué de l'argent, beaucoup d'argent, un argent qu'il a fabriqué mystérieusement en « faisant des affaires » dont tout le monde ignore tout, et surtout l'origine. Il aurait acheté, vendu, négocié, mais jamais réellement travaillé, en tout cas c'est ainsi que la famille se le représente. Pour tout le clan familial, l'argent est donc d'abord un signe d'élection, l'appartenance à une caste supérieure, la reconnaissance d'un pouvoir, celui des forts sur les faibles, de ceux qui dominent sur ceux qui sont dominés. Conception féodale, archaïque mais puissante, qui fait du travail l'expression même d'une infériorité et dans laquelle Laurent, à son tour, se trouve enfermé. Car plus il croit le discours familial, moins il peut travailler. Moins il travaille, moins il est à même de gagner sa vie. Moins il est actif, plus il s'ennuie, moins il peut justifier son existence aux yeux des autres. Moins il en fait, plus il doit prétendre qu'il saurait en faire beaucoup, ce qui achève de le déconsidérer. Au final, il ne fait rien, ne peut rien faire, et reste ainsi dépendant de l'argent de son père.

Le travail n'est qu'une exploitation, une damnation, un échec, une souffrance, une déchéance...

Trouver sa place au travail va ainsi d'autant moins de soi que la place que nous donnons au travail lui-même est dévalorisée. Et, dans nos sociétés, il est en effet plein de manières habiles ou pieuses, idéologiques ou utilitaristes, manifestes ou officieuses, de déconsidérer le travail.

Il est ainsi toujours des conceptions aristocratiques selon lesquelles l'idéal est une oisiveté élégante et raffinée : être né riche, donc différent, se trouver un mari fortuné, ou encore gagner au loto pour échapper à la trivialité ordinaire. Pour certains d'entre nous, tra-

Conditionnements inconscients et croyances trompeuses

vailler, c'est ainsi déroger. Travailler, c'est s'abaisser. Travailler est synonyme de vulgarité.

De même, si nous concevons le travail selon une pensée judéo-chrétienne, qui veut que le travail d'Adam et de tous ses descendants soit issu d'une faute et d'une punition, expression d'une culpabilité, nous ne travaillons au fond que parce que nous avons été chassés du jardin d'Éden. Nous sommes donc condamnés à produire par la faute d'une croqueuse de pomme. Si nous avions été sages et reconnaissants, nous ne serions pas obligés de trimer.

Mais il est de même une conception socialiste du monde où le travail est d'abord vécu comme une exploitation, et où l'utopie consiste à imaginer – là encore – un monde dans lequel on travaillerait de moins en moins, comme si nous pouvions simplement revenir au paradis injustement perdu.

Et puis il est enfin une conception simplement utilitariste du monde en général, et du travail en particulier, où les plus malins sont ceux qui travaillent le moins, savent faire semblant et profiter des plus naïfs, qui eux s'évertuent à produire et à rendre service par une forme de bêtise exploitable. Sans compter les humoristes qui chantent « le travail, c'est la santé, ne rien faire, c'est la conserver » ou écrivent « l'homme n'est pas fait pour le travail, la preuve, c'est que ça le fatigue »…

Et si, de tous côtés, le travail n'est ainsi pensé, parlé, vécu, transmis que comme une souffrance, un échec, une punition, une infériorité, comment pourrions-nous y trouver notre place ? Pourquoi et comment tenterions-nous même de définir une place positive et motivante dans un ensemble à ce point décrié, méprisé et honni ?

Ces illusions qui font obstacle

Être à son aise au sein d'un domaine professionnel suppose de prendre en compte toutes les données, règles, lois explicites ou implicites qui le régissent. Or, certains d'entre nous excluent parfois des aspects essentiels de la voie qu'ils ont choisie et entretiennent l'illusion que tout est possible, y compris quand ça ne l'est pas, se confrontant ainsi à des difficultés (voire des impossibilités) d'insertion…

> **Mes compétences suffiront…**
> Robert est chercheur, dans un domaine scientifique pointu, au sein d'un établissement d'État réputé. Il est consciencieux et compétent. Il aime ce qu'il fait et croit sincèrement à l'utilité de son travail. Pourtant, aussi motivé soit-il, il n'a pas les moyens de chercher, car son laboratoire dispose de trop peu d'argent. Il n'a donc pas les moyens de faire de vraies découvertes, donc de progresser, ni ainsi de publier et d'être reconnu. Au final, il végète, en souffre, en devient amer, en veut à la terre entière, ce qui bien sûr n'arrange rien ni personne, et surtout pas ses affaires.
> Pourquoi en est-il arrivé là ? Robert communique peu, et de façon toujours maladroite, car il estime que la communication est un art mineur, une perte de temps, une forme de « prostitution » presque indigne d'un vrai chercheur. Et derrière un microscope, il est vrai, la communication n'est en rien l'enjeu essentiel…

Pourtant, dans le monde « réel », « chercher » veut dire aussi chercher des subsides, donc évoluer en réseau, valoriser son travail, négocier des avantages, jouer des jeux parfois politiques. On ne travaille jamais seul en effet et l'on ne peut donc jamais s'affranchir

Conditionnements inconscients et croyances trompeuses

des contraintes de relations qui vont avec. Même Robinson Crusoé ne travaille pas vraiment seul, qui reproduit des modèles qu'il a appris, s'imagine revenir à la civilisation et la recrée à sa manière. Trouver sa place est donc toujours aussi une affaire de partage. Et partager ne va pas nécessairement de soi…

Travailler, donc partager

Être en contact avec le monde ? Indispensable, pour y prendre sa place ! Nous le sommes, de toute façon, quoi que nous fassions. Mais parfois, pas assez, ou de façon inadaptée, dédaigneuse, voire méprisante ou hostile. Et dans ce cas, le monde nous le rend bien. Il est vrai que cette relation avec ce qui nous entoure commence très tôt, là où se mettent en place des automatismes et des comportements archaïques qui trouvent leur source dans le lien entre mère et enfant : le tout premier échange que nous connaissons, même s'il est très lointain, est celui du bébé avec sa mère. Cette interaction, faite d'une multitude de sensations, de paroles et d'affects divers, laissera une empreinte indélébile qui influencera profondément toutes les relations à venir. Ce modèle aura ainsi tendance à se reproduire dans chaque nouvelle situation, chaque nouveau lien.

Ce scénario relationnel évoluera ensuite selon ce que l'enfant percevra de son environnement : comment les adultes se relient-ils eux-mêmes à la réalité et aux autres ? Les prennent-ils vraiment en compte ? Sont-ils une source de difficulté, de souffrance ? Comment communique-t-on autour de lui et avec lui ? S'agit-il de liens authentiques, à travers une parole vraie, vécue comme une *interaction* réelle ? Ou d'un simulacre de conversations où on ne s'adresse jamais tout à fait à celui qui est en face de soi ? On devine que tout ce qui se passe là sera déterminant dans notre construction et notre façon d'aller vers l'autre, de pouvoir le rencontrer pleinement, et en conscience. Ou de le mettre violemment à l'écart, pour s'en protéger, s'en défaire, voire lui faire payer de vieilles blessures par personne interposée...

Partager implique de faire confiance à notre interlocuteur, de s'y intéresser, de reconnaître l'envie de créer une relation avec lui, de l'imaginer capable de recevoir ce que nous allons lui donner ; et d'accepter, bien sûr, ce qui viendra en retour. Et c'est particulièrement vrai dans le monde du travail, qui requiert de nous une capacité de créer des contrats sans contrepartie affective ni rancœurs résiduelles. Faute de quoi on y transposera immanquablement une autre histoire qui n'est plus d'actualité, qui n'a en commun que l'acteur – l'enfant capricieux et insatisfait, muré dans le ressentiment, que nous étions – et définitivement incapable d'approcher l'autre avec l'ouverture nécessaire. Brisant net toute possibilité d'évolution et de succès professionnel...

> **Voir par un seul prisme**
> Amy est une jeune Américaine, qui, après un début de carrière positif aux États-Unis, termine à Paris un MBA[1] dans une école de management réputé. Elle adore Paris et rêve d'y vivre, donc d'y travailler. Forte de nombreux diplômes et d'un excellent CV, elle y entame donc une recherche d'emploi qui promet d'être rapidement fructueuse... Qui pourtant ne donne

---

1. Master of business administration (soit un diplôme de haut niveau dans le domaine du management d'entreprise et de la gestion globale des affaires).

Conditionnements inconscients et croyances trompeuses

pas de résultats concrets. Elle obtient certes des entretiens, plutôt facilement, mais n'est jamais retenue au final. Elle s'étonne, s'insurge, ne comprend pas. C'est contraire à tout ce qu'elle a pu imaginer.

Amy est en effet persuadée que le monde fonctionne selon les règles qu'elle connaît outre-Atlantique. Elle ne voit pas que son discours, son comportement, ses présupposés ne sont pas ceux des gens qu'elles rencontrent. Par ailleurs, travailler à Paris suppose de bien parler le français, une langue qu'elle dit beaucoup aimer, mais qu'elle maîtrise assez mal. Amy peine à accepter qu'elle n'est pas chez elle, même si elle aimerait pouvoir faire « comme si ». Elle devra donc retourner aux États-Unis, faute d'avoir trouvé une place en France.

Travailler, donc s'adapter

Comment quelqu'un d'intelligent, de diplômé, et de parfaitement « préparé » au monde du travail pourrait-il oublier cette règle, indiscutablement évidente ? Au point d'être totalement en décalage avec un environnement qui fonctionne sur d'autres modèles que ceux qu'il a toujours connus ? Insouciance, inconscience, arrogance ? Cette difficulté à prendre en compte les données du réel témoigne bien ici d'un désir ambivalent : prendre sa place et, en même temps, ne pas s'en donner réellement les moyens. Comme si l'on oubliait que l'on n'est pas chez soi partout. En effet, il y a dans cette façon d'escamoter quelque chose d'aussi incontournable que la langue une façon de rejeter la position de l'« étranger ».

Faire l'expérience de l'émigration, même choisie, c'est se confronter à l'éloignement, et accepter la séparation – même provisoire – d'avec le pays d'origine. Certaines personnes restent prisonnières de cette nostalgie d'un « objet perdu », en refusant, tout au fond d'elles-mêmes, de faire les efforts nécessaires pour s'acclimater aux nouvelles conditions d'existence, comme s'il s'agissait d'une trahison ou d'un abandon de leur « patrie ». Or, travailler à l'étranger requiert une forme de flexibilité et d'ouverture, totalement en opposition avec cette position défensive, et au fond, parfois presque hostile. Et donc, implique d'être capable d'accueillir la pluralité et la différence avec un minimum de confiance, sans se sentir remis en cause pour autant, ni dans ses fondements ni dans ses valeurs. En se posant ces questions, Amy aurait peut-être pu déceler à quel point sa posture l'enfermait dans un fantasme, extrêmement éloigné de la réalité du monde professionnel où elle cherchait à prendre place. Mais le voulait-elle *vraiment* ? Pas assez, en tout cas, pour s'engager réellement et renoncer à une position confortable, connue, familière…

> **Il faut sauver les apparences…**
> Françoise et Denis sont les salariés d'un groupe multinational anglo-saxon, tous deux exercent leur métier aujourd'hui dans une tour à la Défense, à Paris. Elle a trente-quatre ans, elle est directrice du marketing d'une filiale importante. Il a quarante-six ans, il est le directeur du développement d'une autre. L'un comme l'autre exercent ainsi des responsabilités significatives, avec un statut valorisant et un salaire annuel à six chiffres. L'un comme l'autre, pourtant, sont en grande souffrance… Pourquoi ?
> Françoise est une belle femme en effet, de bonne famille, elle a de la présence et de l'aplomb. Denis est également bien né, et aussi bien diplômé,

CONDITIONNEMENTS INCONSCIENTS ET CROYANCES TROMPEUSES

> d'une des meilleures écoles d'ingénieurs françaises. Tous deux ont ainsi commencé jeunes à l'intérieur du groupe, et ont progressé rapidement, profitant d'un préjugé favorable, de l'appui de patrons influents et d'une vraie capacité d'écriture et de réflexion. Jusqu'à être promus petit à petit à des fonctions de plus haut niveau, plus opérationnelles et donc plus exposées... Qu'ils ne savent pas tenir. Leurs résultats effectifs ne sont pas bons et l'avis de leurs pairs se dégrade. Leurs collaborateurs, mécontents, murmurent dans leur dos. Discrètement, leurs patrons parviennent à s'en débarrasser, mais leurs niveaux de salaires obligent à leur retrouver des postes d'un certain standing. La question ne se résoud donc pas, elle se déplace seulement. Une fois, deux fois... Jusqu'à quand ?

Peut-être que Françoise et Denis ont trop peur de faire une erreur et d'échouer pour pouvoir oser, entreprendre et réussir vraiment ? Ni elle ni lui ne sont à leur place en effet, même s'ils ne le savent pas, ou plutôt ne peuvent ni ne veulent le savoir. Car la question de la place, et de la place juste, concerne tout le monde, à tous les niveaux, pas seulement les plus défavorisés d'entre nous, les plus timides ou les moins diplômés.

L'engrenage du mépris

Si le principe de Peter[1] veut que l'on progresse dans une organisation hiérarchique jusqu'à y devenir incompétent, certains y arrivent ainsi beaucoup plus rapidement que d'autres. Mais que faire

---

1. D'après le livre satirique de Laurence Johnston Peter et Raymond Hull, *The Peter Principle* (1969), et ses deux principes de base : « un employé compétent à un poste donné est promu à un niveau hiérarchique supérieur » et « un incompétent à un poste donné n'est pas promu à un niveau supérieur ».

alors ? Quand au fond on se sent incompétent, mais qu'il est presque impossible de le reconnaître ? Une solution juste consisterait à faire machine arrière, à tenter de retrouver l'erreur d'aiguillage, à chercher en soi ce pour quoi on est vraiment fait, mais elle obligerait à beaucoup d'humilité, dans un milieu qui ne le favorise guère. Et sans doute aussi à des sacrifices, d'autant plus difficiles que l'on a justement donné de l'importance à son identité sociale. Et que votre conjoint, par exemple, attend que vous continuiez de lui assurer l'aisance financière que vous lui avez promise. Une solution plus simple et plus répandue consiste donc... à prétendre de plus en plus.

Or, moins je suis compétent, plus je méprise ceux qui m'entourent. Moins je suis reconnu, plus j'exige des postes de plus haut niveau, seuls capables de rémunérer « ma vraie valeur ». Moins je peux justifier de résultats concrets, plus j'explique tout ce que je pourrais faire si mes collaborateurs étaient moins incompétents et mes patrons plus courageux. Mais plus je prétends, plus je compense en discourant, plus je me défends en accusant, moins il y a de place pour moi, moins j'ai de relations avec la réalité, moins je peux communiquer avec ceux qui m'entourent, plus je décourage ceux-là mêmes qui étaient prêts à me soutenir. Jusqu'à ce que l'écart entre la prétention et la réalité soit devenu tel, tellement insoutenable, que la situation est condamnée à se déboucler. Plus ou moins brutalement. Trop souvent, c'est alors l'accident, la maladie ou le licenciement qui se chargent de crever l'abcès, mais au prix toujours d'une vraie souffrance. Plus ou moins masquée.

Conditionnements inconscients et croyances trompeuses

Ne pas être à sa place juste en effet n'est jamais simple ni confortable, même quand on est très bien payé...

Le sentiment de ne pas être assez (complexe d'infériorité) peut facilement se compenser par la conviction alternative qu'on serait, sur un autre plan, largement supérieur à ceux qui nous critiquent (complexe de supériorité), ou que nous imaginons ainsi. Or, cette construction nous entraîne dans l'engrenage subtil que peut créer le mépris, le mépris des faibles, le mépris des pauvres, le mépris de l'autre, du différent, surtout dans des environnements de haut niveau social, forts de leur réussite et des certitudes qui vont avec.

Imaginez ainsi que vous êtes un enfant sensible, et que vous grandissez dans une famille pour qui la réussite sociale est le critère définitif. Vos parents ont réussi, c'est incontestable, et du haut de cette réussite, ils méprisent tous ceux qui n'ont pas eu cette chance, enfin plutôt ce courage ou ce talent si on les écoute. Mais vous, vous ne vous sentez pas à la hauteur de cette réussite. D'ailleurs vous avez envie d'autre chose, d'une position différente, plus modeste et plus personnelle, pourquoi pas de jouer de la musique ou d'ouvrir un salon de thé, de devenir masseur ou ébéniste, mais pas médecin, ni ingénieur. Seulement vous ne pouvez pas le dire, peut-être même pas le penser. Vous allez donc suivre le modèle parce que vous n'avez pas le choix, en tout cas c'est comme ça que vous le vivez, tout en sachant bien que le modèle au fond « ne veut pas de vous » et que « vous ne voulez pas de lui ». Et comme vous vous sentez ainsi en position d'infériorité, vous allez mépriser à votre tour ce qui vous environne parce que c'est un bon moyen de défense aussi. Mais rien bien sûr ne pourra sortir de positif de cette double négation. La situation va donc nécessairement se dégrader, appelant toujours plus de défense, toujours plus de mépris, donc toujours moins d'ouverture et de respiration.

C'est également le cas, extrême et fameux, de cet homme qui a prétendu pendant des années être médecin, occuper un haut poste à l'OMS, alors qu'il n'avait jamais passé ses examens de médecine, ne faisait rigoureusement rien en fait, n'avait d'ailleurs jamais rien fait, détournait l'argent de sa belle-famille pour pouvoir faire semblant, jusqu'à « préférer » tuer sa femme et ses enfants quand le mensonge a fini par le rattraper. Parce que – et c'est sans doute la principale leçon de cette histoire – la réalité finit toujours par nous rattraper. « Dans le combat entre toi et le monde, seconde le monde », écrivait déjà Franz Kafka[1]. Il avait raison. Le monde est beaucoup plus fort que nous.

Ces rapports à l'autorité qui nous freinent

Travailler, c'est épouser un certain cadre. Bien souvent, trouver sa place au travail implique de s'incarner au sein d'un univers hiérarchique, qui n'est pas sans contraintes, d'autant que le rapport à l'autorité, pour certains d'entre nous, est parfois problématique...

> **L'autorité, quelle autorité ?**
> Nadège est une jeune femme élégante et posée, consciente de ses qualités, au demeurant réelles. Dans l'univers du conseil, puis en entreprise, elle occupe ainsi successivement des postes d'un certain niveau de responsabi-

---

1. Citation extraite du *Journal*, de Franz Kafka, aux éditions Bernard Grasset (1954).

Conditionnements inconscients et croyances trompeuses

lité. Elle y réussit plutôt bien, est chaque fois appréciée pour la qualité de son travail, mais démissionne toujours, souvent vite, généralement brutalement, non sans courage parfois. Elle n'a jamais le sentiment en effet d'être vraiment considérée, s'insurge toujours contre ce qu'elle estime être un manque de respect de la part de ses patrons, et refuse de prendre en compte ce que le salariat peut avoir aussi de dominant.

À moins que ce ne soit le pouvoir masculin qu'elle récuse justement ? Pendant plus de dix ans, Nadège va ainsi multiplier les postes et les conflits… jusqu'à ce qu'elle épouse son dernier patron et s'installe à son compte.

Salarié… donc soumis ?

Prendre place dans une hiérarchie n'est jamais simple : cela oblige à s'inscrire dans un cadre, à recevoir des ordres, à se soumettre à des points de vue parfois différents des nôtres, à obéir à des règles de fonctionnement spécifiques, en respectant les liens de subordination. Rien de tout cela n'est anodin. Cette position vient inévitablement raviver les premières relations à l'autorité – et à ceux qui l'ont exercée (parents et autres figures éducatives). Les empreintes de l'enfance trouvent là un terrain d'élection tout à fait propice à une reproduction inconsciente, et plus ou moins violente, de ce qui s'est joué à l'époque, et maints enjeux de pouvoir viennent ainsi envahir ce qui est censé ne relever que de la transaction professionnelle raisonnée.

Les choses peuvent alors vite se compliquer sous l'emprise d'un imaginaire qui s'emballe pour un oui, pour un non, et souvent à partir de détails très concrets : un ton de voix, une distance marquée, une remarque un peu critique… Tout devient prétexte à se retrancher dans une position défensive où la moindre parole est interprétée comme une menace et où ceux qui nous dirigent se métamorphosent en tyrans insupportables… Or, comment accepter que quelqu'un nous manage, si nous imaginons qu'il va, de toute façon, abuser de son statut ? Ou si nous refusons d'emblée qu'il ait un rang supérieur au nôtre car nous haïssons toute forme de discipline, synonyme pour nous d'un despotisme aveugle ? Ou encore si notre employeur ressemble un tant soit peu à notre père/mère, qui nous a forcés à obéir sans explication, ou, pire, qui nous a humiliés, maltraités ? Du refus obstiné à collaborer à la haine profonde de toute personne apparentée de près ou de loin à la fonction parentale, les situations ne manquent pas. Elles déchaînent souvent des conflits insolubles, mobilisent des affects démesurés, et deviennent rapidement ingérables.

Être salarié oblige, il est vrai, à respecter des règles que nous n'avons pas édictées. Sans y plaquer, pour autant, d'autres lois que nous aurions vécues comme arbitraires. Et à renoncer définitivement à une place de victime pour appréhender l'autre sans projeter sur lui l'image d'un oppresseur, quelles que soient ses intentions réelles. Sinon, nous risquons fort de déclencher ce que nous cherchons à tout prix à fuir : une exposition récurrente à une violence qui est, avant tout, *la nôtre*.

Dans l'exemple de Nadège, nous assistons, de fait, à un dénouement assez radical de la problématique à l'autorité : quoi de plus habile, au fond, que d'effacer l'ennemi en scellant avec lui une

Conditionnements inconscients et croyances trompeuses

alliance *sur un autre plan* ? Que ce soit pour le rendre inoffensif ou pour s'assurer que l'on est devenu son égal, le résultat est qu'il n'est plus crédible en tant que patron, dès lors qu'on installe avec lui un rapport privilégié par ailleurs… Stratégie qui peut donner l'illusion que l'on a « gagné », certes, mais qui n'est pas sans ambiguïté. Car même si l'on escamote le sentiment d'infériorité, il n'est jamais neutre de faire passer quelqu'un d'une place à son opposé : d'adversaire à compagnon, le renversement est total, néanmoins, il s'agit toujours de la même personne. Et le passé de la relation n'a pas disparu pour autant, avec son lot de comptes non soldés. D'autre part, le défi d'une véritable confrontation à soi-même n'a, pour Nadège, tout simplement pas été relevé.

Les dangers de la perfection

Trouver sa place suppose enfin… d'accepter l'idée même de réussir ! Et de réussir dans une certaine mesure, en composant avec la dose d'imperfection dont la vie est faite.

> **Jamais assez… Toujours plus…**
> Michel, Xavier, Jean-Louis sont tous les trois présidents de sociétés qu'ils ont créées il y a plus de dix ans. Depuis, ils ont incontestablement réussi, et même fort bien. Ils sont estimés, connaissent parfaitement leur métier, leurs sociétés sont prospères. À titre personnel ils sont même riches, en tout cas ils font partie des quelques dizaines de milliers de Français les plus fortunés. Et pourtant…
> Si vous leur posez la question de savoir s'ils estiment avoir bien réussi, ils vous répondront que ce qu'ils ont accompli est peu de chose. Si, sans vouloir les flatter, vous affirmez que leurs sociétés sont de brillants succès, ils vous

soutiendront que non. Oui, bien sûr, sa société gagne de l'argent, mais pour Xavier la vraie réussite, ce serait d'être au moins au niveau de son concurrent X, avec cinq mille collaborateurs et pas « seulement » huit cents. Ou pour Jean-Louis d'être « vraiment » riche et à l'abri du besoin, au lieu d'avoir « simplement » trois appartements dans Paris, deux propriétés en dehors, un pied-à-terre à New-York et la majorité des parts d'une société de deux cents personnes. Ou pour Michel d'être en plus un penseur reconnu, et pas « seulement » le patron d'une entreprise qui a multiplié ses effectifs par dix en cinq ans. Et si Xavier vit plutôt bien sa réussite, même s'il la juge relative, Jean-Louis ne cesse de s'inquiéter de ses résultats, toujours soucieux de ne pas trouver assez de nouveaux clients. Quant à Michel, il s'épuise littéralement à défricher de nouveaux marchés, toujours plus loin, toujours plus haut, toujours plus fatigué aussi. L'un comme l'autre, au passage, terrorisent littéralement leurs entourages respectifs de leur insatisfaction chronique.

Bien sûr, c'est aussi cette dynamique qui pousse Michel, Xavier et Jean-Louis, qui les anime, les rend si impliqués, et dans une certaine mesure si efficaces. Mais au prix d'une tension, d'un effort, d'une inquiétude permanente, comme si rien n'était jamais assez, comme si l'essentiel était toujours ailleurs, devant, au-delà… Mais au-delà de quoi ? Car trouver sa place c'est aussi savoir la reconnaître et l'accepter. C'est-à-dire s'en contenter, plutôt que de rêver sans cesse à des positions toujours plus prestigieuses…

Un tonneau des Danaïdes que jamais l'on ne peut remplir

À partir de quel idéal inaccessible s'est-on construit, pour s'y mesurer sans cesse en se sentant toujours inférieur ? Pour quelle raison obscure le but à atteindre semble-t-il à ce point hors de por-

CONDITIONNEMENTS INCONSCIENTS ET CROYANCES TROMPEUSES

tée, comme un mirage qui s'évanouit dès qu'on s'en approche ? Celui qui se laisse prendre au piège d'une telle grandiosité est souvent soumis à un désir de réussite qui n'est tout simplement pas le sien. Parfois, il s'agirait juste, pour sortir de cette insatisfaction chronique, de mettre en lumière le projet parental dont il a pu être investi pour comprendre que c'est celui d'un autre qu'il reprend à son compte – sans nécessairement avoir les capacités de le réaliser pour autant, d'ailleurs. Les enjeux professionnels se confondent parfois avec des ambitions familiales démesurées, qui pèseront sur les trajectoires, en générant des objectifs irréalisables et une frustration définitive, condamnant à déprécier systématiquement tout ce qu'on met en place, sans la moindre objectivité.

Les ancêtres et leurs parcours – plus ou moins assumés – engendrent eux aussi leur lot de victimes de cette course effrénée vers un vide jamais comblé. Certaines figures de l'arbre généalogique quasiment érigées au rang de divinités deviennent *la* référence à égaler, voire à dépasser. D'autres peuvent avoir perdu un statut social qu'il faudrait à tout prix réhabiliter, pour que la famille retrouve enfin son éclat de jadis. Courir après un paradis perdu est cependant difficilement compatible avec la poursuite d'un projet concret et réaliste.

Enfin, comment ne pas voir, derrière celui qui cherche à aller toujours plus haut, toujours plus loin, une situation banale et répandue, où les enfants sont très tôt instrumentalisés au service d'une mère qui veut asseoir sa domination sur le monde qui l'entoure ? La toute-puissance maternelle se tapit parfois derrière des masques insoupçonnés : nombre de femmes, en effet, ne renoncent jamais à l'idée d'être « aussi fortes » que l'homme, et utilisent volontiers leurs fils et filles pour réaliser ce fantasme… Mais personne n'est jamais à la hauteur d'un tel désir. Tout simplement parce que ce n'est pas possible dans la réalité.

Trouver sa place, par nature, ne peut se concevoir qu'une fois que l'on s'est affranchi de ce qui nous contraint à des exigences déplacées que nous faisons nôtres, croyant à tort que c'est notre propre échelle de valeurs qui nous détermine ainsi à revendiquer d'autres résultats plus honorables, d'autres performances plus valorisantes, d'autres cieux plus étoilés…

> **Toujours parfait**
> Pierre-Henry est le directeur général accompli d'une régie publicitaire reconnue. Bien qu'il soit issu d'un milieu relativement modeste, il a réussi – à force d'énergie, de volonté, de disponibilité, de séduction – à gravir tous les échelons jusqu'au sommet : stagiaire, chef de publicité, directeur de clientèle, directeur commercial, directeur général adjoint… Les chiffres, les études, les stratégies, il n'y comprend pas grand-chose et cela ne l'intéresse guère. Ce que Pierre-Henry aime, c'est séduire, briller, et être regardé. Aujourd'hui patron, il est en vue, il a des courtisans, et c'est un honneur dont il est très fier. Pour lui, cette place est l'expression d'une réussite incontestable.
> Cependant, cette exposition le terrorise. Car il ne se sent pas si compétent, si légitime au fond, et craint terriblement pour son image que l'on puisse s'en apercevoir. Exposé comme il l'est désormais, à un très haut niveau, il a donc besoin que tout soit absolument parfait. Tout le temps. Plus que jamais. Jusque dans les moindres détails de la tenue vestimentaire de ses collaborateurs, ou de la qualité de finition de chacune des présentations

Conditionnements inconscients et croyances trompeuses

qui sont faites en son nom... Quitte à tout faire reprendre, en permanence, jusqu'au dernier moment. Quitte à harceler ses collaborateurs jour et nuit, au mépris de leur vie privée, comme au fond de toute efficacité réelle. Car, attendant ainsi ses critiques inévitables, ses collaborateurs choisissent d'en faire le moins possible. Ce qui le conforte bien sûr dans le fait qu'il est indispensable...

Pierre-Henry n'a pas choisi par hasard – même si ce n'est peut-être pas tout à fait conscient – un métier de représentation, dans lequel la dimension d'image publique est par nature essentielle. D'ailleurs c'est là qu'il est le meilleur. Pourtant, son exigence l'enferme en même temps dans un objectif impossible à atteindre. Car le perfectionnisme – surtout à ce niveau d'exigence, c'est-à-dire aussi de défense – est naturellement ambivalent : d'un côté, c'est un moteur qui pousse vers le meilleur, et permet d'avancer, de l'autre une peur permanente qui terrorise et paralyse en même temps...

Colosses aux pieds d'argile

Lorsque l'on est construit sur une faille, il devient crucial de ne jamais rien révéler à personne du vide, du néant que l'on sent en permanence au fond de soi à toute heure du jour et de la nuit, et qui menace l'édifice fragile de la personnalité, quasiment bâtie en trompe-l'œil. Il semble alors que la priorité, l'objectif majeur, soit de maintenir à tout prix l'apparence d'une perfection irréprochable pour masquer – aux autres, mais aussi à soi-même – ce que l'on pressent de sombre, d'inquiétant, de honteux, et que l'on porte depuis toujours, même si on ne sait pas très bien de quoi il s'agit.

Être à ce point soumis au contrôle de son image n'est plus, à ce stade, la marque d'un narcissisme vain, ni d'une absence d'intelligence. Cela dissimule, à grand-peine, une angoisse très profonde, basée sur le sentiment que l'on n'a pas le droit d'être à cette place, que l'on n'en a jamais eu le droit. Mais il ne faut surtout pas que cela se sache. Rien de ce qui vient de nous ou nous touche de près ne doit en révéler la trace. Ce secret doit rester tapi dans l'ombre, recouvert de beaucoup d'éclat et d'artifices divers et constamment renouvelés.

Car le mal qui consume et attaque les fondations, au travers de cet exemple, est l'un des plus puissants qui soient : celui qui s'ancre dans le sentiment d'imposture et d'illégitimité. Pourquoi, comment en vient-on à l'éprouver ? Qui ? À quelle occasion ? Cela rejaillit-il invariablement dans le domaine professionnel ? Sujet sensible, s'il en est, puisqu'il touche aux fondements mêmes de la personnalité. Et qui, très souvent, trouve son explication dans une non-reconnaissance paternelle, à un endroit de l'arbre généalogique, parfois sans que l'on en sache quoi que ce soit, notamment dans les deux ou trois générations qui suivent. Les enfants illégitimes sont nombreux dans nos histoires, mais, bien qu'à notre époque, tout cela semble tout à fait banal et anodin, ce type d'héritage n'est pas sans effets. Il éclabousse et flétrit, à leur insu, les descendants d'une filiation « douteuse » qui peut les empêcher d'oser être ce qu'ils sont – en pleine lumière. Comme s'ils portaient encore la trace d'une infamie : les « bâtards » à certaines époques, encore assez proches, étaient exclus de la société.

Conditionnements inconscients et croyances trompeuses

Bien sûr, d'autres composantes peuvent, elles aussi, rendre la succession compliquée à assumer. Les fêlures – et les fragilités qui en découlent – se nourrissent principalement de tout ce qui, dans le roman familial, parle d'un legs difficile à endosser parce qu'ayant trait à une transgression, plus ou moins grave. Que celle-ci soit individuelle, ou collectivement organisée. Et même si elle disparaît souvent derrière une façade plus respectable.

Ceux qui sont issus d'une telle histoire peuvent être fascinés par une situation professionnelle où l'on brille de tous ses feux, et où l'on est à une position adulée, admirée : antidote à la blessure d'origine. Mais cela ne suffit pas pour mettre la personne à l'abri, définitivement. Il ne reste plus qu'à tout contrôler pour s'assurer que rien ne filtrera jamais. Position éminemment compliquée, car génératrice d'une pression terrible comme le montre notre exemple, qui n'est qu'un parmi d'autres. D'ailleurs, ceux qui sont concernés ne font-ils pas tout pour que cela reste secret ?

Être parfait, c'est payer le prix fort. La résolution vient, au contraire, de la reconnaissance de soi sans masque et sans contrefaçon, et d'où on vient. Ce n'est qu'à cette condition que le rapport avec le monde devient authentique, donc intéressant et profitable. Car se construire sur une faille peut aussi devenir un des défis les plus créatifs et les plus transformateurs qui soient. Pour peu que l'on en vienne un jour à aimer suffisamment la vérité. Y compris la sienne.

Chapitre 2

La démarche : au carrefour du psychique et de la réalité

Qui n'a pas, à un moment ou à un autre, connu ou vécu certains des pièges, des errements et des difficultés que nous venons d'évoquer à travers nos exemples ? Nous avons tous des histoires complexes, où l'ombre et la lumière cohabitent, et où le succès et l'échec se côtoient parfois de très près, sans qu'on comprenne toujours très bien comment tout cela s'organise... Tout cela est parfaitement normal. Rien n'est évident dans ce domaine et il est très rare de pouvoir s'orienter dès le départ, en toute lucidité et avec une idée claire des enjeux auxquels notre place professionnelle va nous confronter. Heureusement, l'histoire ne s'arrête pas là : car il est justement question pour nous de pouvoir prendre la direction de notre trajectoire, pleinement, activement et en nous faisant confiance. Pour cela, nous allons avoir besoin de *repères*. C'est pourquoi il convient à présent d'explorer comment l'ensemble de cette recherche s'articule et ce sur quoi elle s'appuie.

Trouver sa place au travail peut être simple et rapide ou long et hasardeux, mais c'est, de toute façon, toujours un *processus* qui comporte un certain nombre d'étapes et une implication à deux niveaux : la recherche d'un positionnement juste dans la sphère professionnelle et l'exploration des soubassements psychologiques qui le sous-tendent. Pour qu'il aboutisse, il est impératif de prendre en compte le visible et l'invisible, le concret et l'inconscient. Mettez de côté l'un ou l'autre et la réponse est tronquée, incomplète et inadaptée. Rien n'est jamais seulement extérieur ni intérieur. L'être humain remet en jeu ces deux dimensions dans son parcours en permanence, et son accomplissement sera à la mesure de l'alliance qu'il aura su créer entre les deux.

Comment procéder ? Comment favoriser l'actualisation dans le monde de ce que nous sommes vraiment, profondément, dans les meilleures conditions possibles ? En quoi consiste ce « parcours » ? C'est ce que nous allons explorer dans ce chapitre, en adoptant un double point de vue. Dans un premier temps nous verrons ce qui se passe dans la partie « immergée » de l'iceberg, c'est-à-dire l'impact des dynamiques psychiques et familiales sur la vie professionnelle. Puis nous réfléchirons aux moyens à mettre en œuvre pour parvenir à une insertion réussie et ajustée à la réalité du monde d'aujourd'hui.

Les composantes du processus

Si le monde du travail est bien évidemment toujours structuré par des données économiques et financières, des logiques de profit et d'efficacité, il s'appuie, en revanche, nécessairement sur des êtres

La démarche : au carrefour du psychique et de la réalité

humains complexes, aux motivations et fonctionnements en partie inconscients. Ainsi, même au sein d'environnements opérationnels aux problématiques très concrètes et très quotidiennes, chacun reste régi par des mécanismes qui lui échappent et obéit à des injonctions dont il ignore l'origine. Cette dimension psychologique, souvent laissée de côté, conditionne pourtant une grande partie de la vie professionnelle, y compris dans sa dimension la plus pragmatique. Il convient alors d'entrer dans un processus d'identification puis de déconstruction de ces mécanismes, pour pouvoir inventer et créer notre place à partir de ce que nous sommes.

Démonter les rouages...

De fait, notre façon de prendre notre place et tous les scénarios que nous élaborons pour nous-mêmes dans ce domaine ne sont jamais que la manifestation extérieure de ce que nous portons plus profondément comme croyances, autorisations, interdits et représentations diverses autour du travail. Rien de tout cela n'est anormal, ni forcément négatif. En revanche, il nous appartient de détecter et d'analyser avec finesse *comment et où* notre psychisme influe sur notre trajectoire professionnelle si nous voulons être en mesure de trouver la place qui nous convient, avec le maximum de cohérence. Le fait de nous prêter à cette exploration « de l'intérieur » nous aide à identifier la manière dont nous avons construit notre place en partie « à notre insu » depuis le début de notre histoire. Dépassant de beaucoup les solutions habituellement proposées dans les démarches classiques de coaching.

Pourquoi ? Parce que les questions posées s'attaquent ici à un registre plus profond et plus exigeant. Qu'est-ce qui nous détermine, consciemment et inconsciemment ? Comment et pourquoi nous y soumettons-nous ? À quoi cela nous oblige-t-il ? Qu'est-ce que cela nous permet, peut-être aussi, *en même temps* ? Cette mise en lumière implique, bien sûr, la capacité de changer de point de vue sur nous-mêmes et d'abandonner un certain nombre d'idées reçues sur le sujet de la place au travail. Donc, forcément de pouvoir s'accorder la liberté nécessaire pour y parvenir. Pourquoi parler de liberté ? Parce qu'il s'agit bien de récupérer un espace où nous reprenons les rênes de notre existence. De passer de la position de soumission à un destin qui s'impose à nous à celle de sujet qui sait ce qu'il fait et pourquoi il le fait. Liberté de faire le tri entre ce qui relève de notre *véritable* nécessité intérieure et ce qui est de l'ordre de conditionnements de toute nature. Liberté de remettre en question ce que nous avons toujours imaginé devoir ou pouvoir accomplir, pour aller plus loin dans une vraie rencontre avec nous-mêmes.

Distinguer le vrai du faux

Ma trajectoire reflète-t-elle réellement qui je suis ? Pourquoi ai-je choisi mon métier ? Pour faire plaisir à mes parents ? Pour être à la hauteur de l'idéal familial ? Pour me prouver que je suis plus intelligent que ceux de mon milieu d'origine ? Ou pour d'autres raisons qui me sont totalement inconnues ? Quelles *implications* cela peut-il avoir sur mon parcours en termes de réussite, d'échec, de confort, de confiance, de créativité, etc. ? Comment cela est-il *compatible* avec ce que je suis ? Quels sont les défis, les limitations, les contraintes que tout cela m'*impose* ?

Dès qu'on commence à se les poser, ces questions élargissent la vision souvent fausse ou partielle que nous avons de notre place. L'enjeu majeur est de comprendre l'origine de nos décisions, de nos comportements, de nos aspirations, et d'identifier dans quelle mesure ils sont réellement ajustés à ce que nous sommes. Car c'est évidemment loin d'être toujours le cas. Nous avons de multiples raisons de nous éloigner de nos facettes les plus authentiques et les plus singulières. Par confort, pour être conforme, par sécurité. Pour ne pas déplaire. Le renoncement commence très tôt. Trouver sa place, c'est refaire le chemin en sens inverse : ôter nos masques pour identifier nos besoins véritables et être plus directement en mesure d'orienter nos trajectoires vers ce qui nous ressemble.

Analyser l'héritage

En termes de conditionnement – nous l'avons montré à travers nos exemples – la famille joue un rôle majeur dans notre façon de concevoir et d'appréhender nos trajectoires professionnelles. La toute première place que nous avons, c'est celle que nous prenons (ou pas) auprès de nos parents, et dans certains cas, dans la fratrie. D'emblée, dès la conception, et peut-être même bien avant, nous sommes convoqués pour incarner *un certain projet*, même si cela passe très souvent inaperçu dans la plupart des familles. Et les projections des adultes sur le bébé sont inévitablement nombreuses. Voire parfois contradictoires. Elles trouvent chez l'enfant que nous sommes une cible parfaite pour concrétiser toutes sortes d'attentes, d'espoirs et de désirs – et pas seulement les désirs frustrés.

À chaque famille son histoire particulière ! Être attendu, par exemple, comme l'enfant parfait, qui réalisera les rêves inassouvis des uns et des autres, qui reprendra l'entreprise familiale, qui permettra l'ascension sociale de telle ou telle lignée aura nécessairement des effets en termes de choix professionnels. De la même façon, ce que nous avons vécu comme relations avec nos parents, frères et sœurs, la manière dont chacun a pris sa place et assumé son rôle, tout cela nous a amenés à développer un certain nombre de croyances qui ne manqueront pas de se rejouer largement dans les situations professionnelles que nous traverserons. Avoir eu un père « absent », sous la domination de sa femme, par exemple, peut nous entraîner à choisir inconsciemment des environnements où nous sommes systématiquement « abandonnés » par notre supérieur hiérarchique, qui ne saura pas nous défendre... Valeurs, modèles, trajectoires de nos ascendants, situations et place dans nos familles d'origine, conception du travail lui-même : tout est à passer au crible d'un questionnement lucide et éclairé.

Transformer l'héritage pour s'en affranchir positivement

Une fois identifié, cet héritage peut et doit être converti. Sinon, à quoi bon ? Si nous continuons à nous laisser guider par lui, ce qui se produira dans notre vie professionnelle sera le reflet d'autres motivations que les nôtres, et restera en partie ou globalement insatisfaisant. Par contre, si nous acceptons de remettre en question l'ensemble de ce que nous avons reçu, un énorme champ d'explo-

La démarche : au carrefour du psychique et de la réalité

ration s'ouvre à nous, où, quelle que soit « notre » question, elle trouvera un certain nombre de réponses. L'origine de ce que nous vivons devient alors plus lisible, compréhensible et transformable. En repérant les lieux où nous sommes « agis » par d'autres intentions que les nôtres, nous pouvons décider, en toute connaissance de cause, de changer de voie, de comportement et de scénario. De ne plus adopter les mêmes postures. L'essentiel est que cela reflète *notre* choix.

Car une vraie place est toujours une place choisie, c'est-à-dire sélectionnée selon nos critères et nos valeurs. Où nous pouvons enfin jouer notre rôle *au présent*, désencombrés des vestiges, frustrations et blessures de nos histoires familiales, dans un repositionnement actif et responsable.

Soutenir notre projet

Le passage à la réalisation concrète, avant sa mise en pratique dans le monde extérieur, est aussi affaire de légitimité et d'appropriation intérieure. Reconnaître ce que nous portons ne suffit pas à le mettre en valeur ni à lui donner la puissance nécessaire pour nous imposer en tant que produit ou service. Comment soutenons-nous ce projet au quotidien ? Sommes-nous capables *d'en parler* intelligiblement ? Est-il clair pour nous ? Que dégageons-nous quand nous l'évoquons ? Sans passer par une mise en scène hystérique ou un déploiement agressif, il nous appartient en revanche de convaincre nos interlocuteurs, et pour cela, de nous y sentir pleinement autorisés et suffisamment présents et engagés. Plus que d'un discours, c'est notre posture intérieure et la qualité de notre lien avec notre projet qui permettront ou non sa réussite ultérieure.

Confronter son désir à la réalité

Si trouver sa place est ainsi d'abord une affaire de liberté intérieure, c'est ensuite aussi, bien sûr, une question d'insertion, d'inscription dans le réel.

Ce que nous sommes, ce que nous aimons, ce dont nous avons envie, ce que nous sentons en nous ne suffit pas à définir en effet ce que nous allons faire, ce que nous pouvons faire et comment. Car qui dit travail dit employeur ou client, donc toujours *un autre* qu'il faut convaincre aussi.

Comprendre ce qui est possible

Pour pouvoir définir de façon juste sa place au travail, il convient donc *nécessairement* de se faire d'abord une représentation réaliste des places qui nous intéressent, et de ce qu'elles supposent pour être réellement investies.

Qu'il s'agisse des formations qu'il demande, des sacrifices qu'il exige, des conditions économiques de son exercice, des qualités personnelles ou des réseaux de relation qu'il va nécessiter, nous ne pouvons choisir un métier, une façon de l'exercer, un environnement associé sans avoir *au préalable* une vision claire de ce que cela suppose concrètement dans la réalité. Or, trop de jeunes encore – mais ils sont jeunes et à ce titre excusables – se lancent dans des études, parfois longues et coûteuses, sans avoir la moindre idée réelle

LA DÉMARCHE : AU CARREFOUR DU PSYCHIQUE ET DE LA RÉALITÉ

des métiers auxquels elles conduisent. Et sans que les écoles ou les universités elles-mêmes fassent toujours beaucoup d'efforts pour le leur enseigner non plus[1]. Comme trop d'adultes, justement lassés de situations qui ne leur correspondent pas, imaginent, rêvent ou même envisagent des changements concrets, parfois importants, sans être au fond beaucoup mieux renseignés.

Quand il s'agit de travail pourtant, personne ne peut s'affranchir des contraintes économiques[2]. C'est pourquoi le travail de recherche en soi, sur soi, s'il est absolument nécessaire, demeure également insuffisant, et une approche réaliste en amont reste la meilleure façon de réfléchir aux contraintes réelles, à notre capacité à les accepter, de limiter les risques et d'affiner un projet. Rien d'original au demeurant. Rien que l'on n'enseigne pas chaque jour dans les écoles quand il s'agit de réfléchir à une création d'entreprise. Rien de différent non plus de la conduite de projets plus simples et plus prosaïques comme acheter un appartement (évaluer les prix soigneusement en amont, réfléchir à ses contraintes, évaluer son budget et ses capacités de remboursement). Et pourtant, si l'on en croit les nombreuses expériences douloureuses auxquelles nous

---

1. Il est beaucoup de formations qui manqueraient singulièrement de clients si ceux-ci réalisaient à quel point elles ne les préparent pas réellement à un métier possible dans la réalité. Il est souvent plus facile en effet de rentabiliser une école quand on laisse dans le flou cette question dérangeante...
2. Sauf, bien sûr, à disposer d'un parent riche, d'un conjoint nanti, d'un patrimoine hérité, et à en profiter alors pour ne plus avoir besoin de gagner sa vie. Mais, de fait, il ne s'agit plus alors de travail au sens complet du terme – avec ce que cela suppose de véritable indépendance associée –, seulement d'une occupation sociale, d'un remède à l'oisiveté, quand ce n'est pas d'une fiction mondaine.

avons assisté, rien non plus qui aille de soi… Peut-être justement parce que toute approche de son propre travail est double, à la fois psychique et concrète, et que la dimension inconsciente associée oblitère parfois trop facilement les nécessités du monde…

Coach ou galeriste, exemples emblématiques

S'il est deux métiers – et nous y reviendrons – qui attirent aujourd'hui nombre de ceux qui aimeraient changer de place au travail, ce sont bien ceux de galeriste et de coach (thérapeute, masseur, etc.) pour la liberté qu'ils semblent incarner et pour les dimensions de développement personnel, psychologique ou créatif, auxquelles ils correspondent. Or, s'il est bien deux positions professionnelles où nous rencontrons régulièrement de très nombreux exemples d'irréalisme total… ce sont aussi ceux-là. À ce titre, la réflexion sur leurs conditions économiques d'exercice nous a semblé intéressante, parce qu'elles sont en fait très simples et pourtant rarement pensées comme telles.

Imaginez… Vous souhaitez devenir galeriste à Paris. La perspective même vous enchante. Vous vous voyez déjà multipliant les rencontres, les vernissages, les expositions. Vous avez déjà rencontré quelques artistes sympathiques et talentueux, que vous aimeriez faire connaître. D'ailleurs vous avez vous-même une vraie sensibilité créative. Vous n'avez cependant aucune expérience de la gestion d'un commerce, mais vous vous dites que ce ne doit pas être bien compliqué à apprendre. Vous avez quelques relations, et aussi quelques économies, les indemnités d'un licenciement récent peut-être. Pourquoi donc ne pas vous lancer ?

LA DÉMARCHE : AU CARREFOUR DU PSYCHIQUE ET DE LA RÉALITÉ

Mais… Avez-vous vraiment réfléchi à ce que la gestion d'une galerie implique en termes de contraintes et de disponibilité ? Surtout, avez-vous pris le temps de mesurer la faisabilité réelle de cette idée séduisante ? En effet, les artistes que vous souhaitez exposer ne sont pas connus. Même s'ils sont talentueux, vous ne pourrez pas espérer vendre une de leurs œuvres plus de 500 à 1 500 euros, en fonction de leur taille notamment. Avec une marge raisonnable de 40 % sur chacune – et sans même prendre en compte les questions de TVA, pour plus de simplicité –, vous pourrez difficilement espérer plus de 400 euros de marge en moyenne par pièce vendue, et c'est déjà loin d'être évident à réaliser. Pour payer la location de la galerie et les frais associés (mettons 1 500 euros net par mois au moins), votre salaire (3 000 euros pour être raisonnable, et +/- 750 euros de charges sociales associées), il va donc vous falloir créer au moins 65 000 euros de marge par an, et c'est un strict minimum. C'est-à-dire qu'il vous faudra vendre au moins cent soixante pièces par an, soit près d'une par jour d'ouverture. Est-ce vraiment réaliste ? Avez-vous les moyens de susciter un tel afflux de visiteurs, de curieux, de connaisseurs, d'acheteurs ? Et surtout, connaissiez-vous ces chiffres simples ? Allaient-ils de soi pour vous ? Mesuriez-vous clairement *a priori* ce dont il était question économiquement ? Ce type de raisonnement même vous est-il familier… ou encore étranger ?

Plutôt que galeriste, vous vous imaginez coach, un métier moderne, passionnant, sans investissement, au service des autres et de leur développement. Comme vous étiez cadre en entreprise auparavant, et même si vous acceptez une légère baisse de revenus, vous souhaitez gagner environ

4 000 euros net par mois, ce qui est légitime. Pour recevoir vos futurs clients, il vous faut donc un bureau, et pour 500 euros par mois environ vous pouvez effectivement espérer sous-louer une pièce à Paris. Avec 500 euros par mois supplémentaires, vous couvrez quelques frais nécessaires au fonctionnement de votre activité et à son développement, et avec 1 000 euros supplémentaires vous acquittez les charges sociales obligatoires d'un travailleur indépendant sur de telles bases de rémunération. Tous les mois, il vous faut donc gagner *a minima* 6 000 euros net. Comme vous souhaitez une clientèle de particuliers, parce que vous n'avez pas en entreprise les relations nécessaires pour capter une clientèle de DRH, et qu'on ne peut guère espérer plus de 100 euros en moyenne par consultation sur ces bases, nous voici donc à soixante consultations par mois, chaque mois, même pendant l'été, même pendant les vacances, soit sept cent vingt consultations par an. Trois consultations rémunérées par jour ouvré environ, rien de très lourd, le temps de respirer et de se former, me direz-vous. C'est vrai. Mais aussi, à raison d'une consultation tous les quinze jours en moyenne par client, au moins trente clients actifs en permanence. Et à raison de – mettons huit consultations par client ? – au moins quatre-vingt-dix clients différents tous les ans. Sans compter tous ceux que vous ne garderez pas, avec qui vous n'aurez pas envie de travailler, que vous ne serez pas qualifiés pour accueillir...

Savez-vous donc où et comment vous allez trouver ainsi, tous les mois, tous les ans, tous ces contacts très qualifiés dont vous avez besoin ? Savez-vous combien de temps vous allez mettre à identifier, convaincre et fidéliser l'ensemble des clients nécessaires ? Savez-vous comment vous allez payer votre loyer en attendant ?

Bien sûr, ces métiers existent, ils sont donc possibles à exercer dans la réalité. Toutefois, si beaucoup les ont tentés, peu réussissent réellement à en vivre. Sans une compréhension claire en amont de ce qui est réellement possible dans la réalité, la recherche de sa juste

La démarche : au carrefour du psychique et de la réalité

place au travail risque toujours de se transformer sinon en miroir aux alouettes.

Prendre le risque d'oser

Une fois que nous comprenons ce qui est possible, et que nous avons validé la faisabilité réelle de notre projet, il est encore une étape clé à franchir quand nous entreprenons d'avancer résolument vers une place plus juste. Et cette étape s'exprime en termes de risques : risques à prendre, risques à assumer. Nous ne pouvons pas, en effet, progresser sans transformer, et nous ne pouvons pas transformer sans risques ni incertitudes.

Risque d'échouer tout d'abord, bien sûr, car il s'agit de quitter un connu pour un moins connu, plus important pour nous qui plus est. Nous aurons donc toujours peur quelque part de ne pas y parvenir, même si une voix intérieure nous guide et nous encourage.

Risque de réussir aussi, et peut-être même plus souvent, car nous quittons aussi un « moins vrai » pour un « plus vrai ». C'est-à-dire que nous nous préparons à être vus de façon plus personnelle, plus intime, à un endroit pour nous plus essentiel, et que c'est souvent plus difficile que de rester à l'abri d'un masque de façade, même s'il est inconfortable et pesant.

Risques donc en termes de confort, car le nouveau est plus inconfortable que le connu. Qui était salarié et se met à son compte se voit ainsi dépouillé d'abord de tout ce qui le protégeait. Qui managerait des équipes pour un patron devient patron à son tour, donc responsable de payer leur salaire à ses employés chaque mois s'il a créé son entreprise. Qui pratiquait un métier bien connu se voit confronté à de nouveaux enjeux, de nouveaux défis, un nouveau patron, de nouvelles habitudes à créer, s'il accepte d'en changer, y compris au sein de la même organisation. Qui se contentait d'obéir aux ordres doit aussi en donner s'il devient manager à son tour. Qui s'estimait victime d'un environnement contraire se trouve en devoir d'assumer seul la responsabilité de son échec ou de son succès s'il crée son propre job.

Risque financier enfin, très souvent. Parce que créer son job ou son entreprise suppose naturellement une prise de risques, même sans investissement important à la clé. Parce que changer d'entreprise, c'est quitter une position, une ancienneté, un certain niveau de protection sociale pour aborder un nouveau job, avec une nouvelle période d'essai, sans garanties.

Sans prise de risques, pourtant, il n'y a pas de solutions. Et trop de ceux que nous avons vu rester à la porte d'évolutions – pour eux importantes – l'ont souvent fait seulement parce qu'ils n'ont pas pu, pas su, pas voulu prendre les risques nécessaires. Pourtant, aussi mystérieux que ça puisse paraître, la vie est ainsi faite que, quand on ose, quand on pose des intentions justes, quand on s'engage sur une voie qui nous est vraiment propre, elle nous procure généralement les solutions nécessaires. Encore faut-il en accepter l'idée… Confiance oblige !

Définir le chemin nécessaire

Dernière étape, il nous reste enfin à définir le chemin pour aller de « là où l'on est » à « là où on l'on veut s'établir ». Car il y a toujours

La démarche : au carrefour du psychique et de la réalité

un chemin à parcourir. Rien d'important ne peut se faire ainsi du jour au lendemain. Il faut prendre le temps d'identifier et de mettre en œuvre les étapes nécessaires : étapes d'acquisition de compétences, étapes de mise en œuvre opérationnelle, étapes d'apprentissage, recherche d'opportunités, de partenaires ou de capitaux, etc.

On utilise parfois en marketing cette phrase très simple pour dire qu'une marque, compte tenu de son positionnement, ne peut pas vendre ou cautionner n'importe quelle proposition, comme ça, dès demain, simplement parce qu'elle est connue : « On ne peut pas aller là-bas d'ici. » C'est vrai aussi pour un individu, dont le CV, les aptitudes, les compétences tiennent lieu de positionnement, conscient, explicite ou non. Ce qui ne signifie jamais qu'on ne puisse pas y aller cependant – si toutefois la proposition fait sens – mais qu'il est toujours au moins un chemin à construire, plus ou moins direct, plus ou moins ardu, plus ou moins coûteux.

Par exemple, si je suis aujourd'hui employée dans l'assurance, je peux effectivement décider de devenir psychothérapeute, si telle est ma vérité. Mais pas sans formations bien sûr, pas sans conversion intérieure, pas sans le temps – et donc l'argent – nécessaire pour effectuer ma transformation, m'établir et trouver les patients qui vont rendre mon activité réelle, légitime et rémunérante. De même, si je suis aujourd'hui manager en entreprise, je peux envisager de m'établir à mon compte, et devenir consultant[1], pour gagner en liberté, en indépendance et en créativité. À condition

---

1. Nous pouvons en témoigner... C'est ce que nous avons fait ! Au prix – normal – cependant de plusieurs années de transition...

que ce soit vraiment ma voie. Cependant je ne peux pas le faire du jour au lendemain, pas sans préparation, pas sans réseau, pas sans un temps de transition, pas sans développer de nouvelles compétences et de nouvelles habitudes, pas sans affronter une zone d'incertitudes...

Ni impatience ni découragement, ni tout de suite ni jamais, comme souvent la voie juste est une voie du milieu.

Analysez votre héritage

Entrez plus précisément au cœur de la démarche et analysez votre héritage, selon le questionnement proposé. Il s'agit, avant tout, de faire apparaître le plus clairement possible de quoi vous avez hérité et comment cela va influencer et déterminer votre manière de prendre votre place professionnelle aujourd'hui.

Pour cela, il vous faut travailler en deux temps :

- lors d'une première étape, il sera question d'explorer votre place *généalogique*, c'est-à-dire la place que vous occupez dans votre famille, et tout ce que l'on vous y a transmis ;
- lors d'une deuxième étape, il s'agira d'analyser vos places et trajectoires *professionnelles*, et ce qu'elles révèlent de cette transmission encore à l'œuvre.

Le but poursuivi ici est de clarifier l'interaction entre les deux places :

- Comment l'une et l'autre se répondent, se complètent ou s'opposent ?

LA DÉMARCHE : AU CARREFOUR DU PSYCHIQUE ET DE LA RÉALITÉ

- À quelle étape en êtes-vous dans la reconnaissance et l'expression de ce qui vous rend différent de votre famille ?
- Vivez-vous votre place professionnelle en fonction de qui vous êtes ?
- Ou continuez-vous à y projeter des éléments de votre place généalogique ?
- Y répétez-vous des situations déjà vécues dans votre famille ?
- Vous y soumettez-vous à des attentes, des projets, des limitations qui ne sont pas les vôtres ?
- Y rencontrez-vous des conflits ou des échecs récurrents, *a priori* plutôt en lien avec ce que vos ascendants ont connu, et qui ne vous concernent en rien ?

Une fois que vous avez répondu à ces questions, deux cas de figure peuvent se présenter :

- Vous avez pris suffisamment de distance avec votre héritage pour ne plus en être dépendant. Vos attitudes, postures et comportements s'adaptent à la réalité d'aujourd'hui, et vous permettent de gérer votre place professionnelle sans l'encombrer d'éléments qui ne lui appartiennent pas.
- Vous êtes au contraire – plus ou moins – prisonnier de problématiques « transgénérationnelles » qui viennent vous parasiter en permanence dans votre travail. Vous ne savez pas encore comment ni pourquoi vous vous maintenez dans ces « revécus » qui vous empoisonnent l'existence et vous empêchent d'accéder à la libre exécution de vos projets professionnels.

Dans ce dernier cas, il va être nécessaire de détecter comment cela se joue (dans quelles postures, quelles attitudes, quels conflits) et à quels moments de votre trajectoire cela est repérable. Pour ce faire nous vous proposons ici une grille d'analyse qui n'est bien sûr qu'une toute première approche, sachant que, dans la réalité, tous les sujets évoqués ci-dessous communiquent en permanence les uns avec les autres et que nous ne les différencions que pour mieux vous faire comprendre le processus, dans toute sa complexité.

Le but de l'exercice est de pouvoir commencer à faire le tri entre ce qui vous enferme et ce qui pourra vous être utile, ce qui vous limite et ce qui vous inspire, ce dont vous devrez vous défaire et ce qui pourra continuer à vous accompagner...

1/ Identifiez ce que l'on vous a transmis...

a – En termes de travail
Puisqu'il est question de place au travail, la façon dont celui-ci a été envisagé et abordé dans les générations précédentes va être capitale à analyser :
- Comment l'image du travail s'est-elle construite et véhiculée dans la famille ?
- Qu'est-ce qui est transmis autour de la notion de « travail » ?
- Quelle importance lui donne-t-on ?
- Est-il respecté ? Détesté ? Craint ?
- À quelles images renvoie-t-il ? Labeur, contrainte, réussite, prospérité ?
- Est-il pris en compte comme une réalité ?

LA DÉMARCHE : AU CARREFOUR DU PSYCHIQUE ET DE LA RÉALITÉ

Il existe des familles où, d'emblée, le travail est une donnée fondamentale à intégrer, d'autres où c'est une façon de se perdre, ou de perdre son temps et son énergie à des activités sans intérêt, d'autres encore où il sera question de s'y vouer corps et âme, comme à une divinité, sans s'accorder aucun répit. Rien de tout cela n'est neutre pour les descendants, très vite exposés à une conception de la vie où le travail – en temps que tel – a une certaine place et une certaine valeur, évidemment très différentes d'un milieu à un autre. Cela oriente en partie notre façon de nous situer professionnellement, que ce soit en adéquation avec, ou en réaction contre, ce que nous avons entendu.

D'autre part, il va être également très utile d'analyser en détail l'ensemble des valeurs, discours et croyances autour de la question du travail : à quoi il sert, comment on est censé s'y comporter, à quoi on y a droit, etc. – cela, si possible, à chaque génération jusqu'à celle des arrière-grands-parents.

- À quoi donne-t-on de l'importance dans le domaine professionnel ? L'argent ? La réussite ? La sécurité ? La créativité ?
- Quelles sont les valeurs dominantes, les métiers interdits, les carrières valorisées ?
- Quelles sont les croyances autour de la question du travail, de la réussite, de la prospérité, de la capacité de se réaliser professionnellement ?
- Quels discours avez-vous entendus sur ces derniers points ?
- De quelles peurs, de quels interdits pensez-vous avoir hérité ?
- Quel est le mythe familial qui existe autour du travail [1] ?

b – En termes de trajectoire

De la même façon, les trajectoires de nos ascendants sont une véritable mine d'informations lorsque l'on réfléchit à sa place professionnelle. Non seulement avec ce qu'elles ont pu générer comme croyances en termes de réussite ou

---

1. Le mythe familial est un ensemble de croyances qui organise le destin de la famille en véhiculant une certaine image d'elle et un récit particulier sur son histoire.

d'échec, mais aussi parce qu'elles obligent les uns et les autres à faire *en conséquence*. Répéter ou réparer, aller plus loin, faire mieux, soigner, guérir, restaurer, reconquérir... Tout ceci est à l'œuvre dans les « choix » que nous faisons pour nous-mêmes.

- Quels sont vos modèles de trajectoire dans la famille ?
- Qui a réussi et comment ? Qui a été en échec ? Pourquoi ?
- Pouvez-vous repérer des âges, des périodes, des circonstances plus favorables que d'autres ?
- Certains membres de la famille ont-ils été privilégiés aux dépens d'autres ? En fonction de quels critères ?
- Hommes et femmes ont-ils eu les mêmes droits, les mêmes facilités ?
- Quels sont les événements marquants, en termes de parcours professionnel et financier (changements de statuts, exils, dépossession, faillites...) ?

2/ Déterminez *les contours et contenus* de votre place généalogique

En fonction de ce que nous avons déjà évoqué, vous allez pouvoir vous faire une représentation plus précise de ce que vous portez, de ce qui vous a été assigné, de ce dont vous vous êtes chargé, dès le départ, en tant qu'enfant et, plus tard, dans votre vie d'adulte. Tout cela va être totalement dépendant de votre « place généalogique » : cette place où vous naissez en tant que fils ou fille de vos deux parents, au carrefour de deux lignées, et dans un certain rang dans la fratrie.

Très vite, vous y êtes investi de ce qui s'appelle le « projet parental » : ce que vos parents attendent de vous à cette place-là. Essayez de repérer de quoi il s'agit, pour vous, et de quelles attentes vous avez été dépositaire.

- Quelle place vous a-t-on désignée dans la famille ? Quel rôle avez-vous joué ?
- Quelles relations avez-vous vécues avec votre fratrie ?

La démarche : au carrefour du psychique et de la réalité

- De qui étiez-vous proche ? À qui cherchiez-vous à faire plaisir ?
- Quels étaient les scénarios/trajectoires possibles pour vous ?
- Quels messages concernant votre orientation avez-vous entendus ?
- Quels métiers vous a-t-on encouragé ou obligé à exercer ?
- Comment y avez-vous répondu ?
- Qu'est-ce que cette place, telle que vous l'avez vécue et construite, vous propose, vous permet, vous impose, vous interdit ?
- La réussite professionnelle vous paraît-elle compatible avec cette dernière ? À quelles conditions ?
- Quelles sont les compétences que cela vous a permis de développer ?
- Quelles sont les obligations auxquelles cela vous soumet aujourd'hui ?
- Comment tout cela est-il compatible avec vos talents, désirs, aspirations propres ?

3/ Examinez votre place professionnelle

Il s'agit maintenant d'examiner en détail votre place au travail :

- Comment la vivez-vous aujourd'hui ?
- Où peut-on commencer à y percevoir, en toile de fond, tout ce qui vient d'être évoqué ci-dessus ?
- Comment votre place généalogique et l'ensemble des transmissions dont vous avez hérité vous y orientent-elles au quotidien ?
- Où génèrent-elles des entraves à votre manière de prendre votre place ?
- Où vous ont-elles permis de développer des compétences particulières que vous pouvez utiliser dans votre métier ?
- Où, au contraire, l'inachevé transgénérationnel vient-il vous ramener dans le passé ? Dans quel type de situations ?

Le premier niveau d'analyse permettra de révéler où et quand certains éléments de votre place généalogique viennent interférer avec votre place professionnelle et provoquer une manière inadéquate de vous comporter. Inadéquate parce que plus tout à fait en rapport avec ce qui se passe au présent : si, par exemple, vous projetez systématiquement sur vos collègues les membres de votre fratrie avec lesquels vous avez vécu des situations d'injustice, vous n'obtiendrez que des résultats négatifs, générateurs de conflits et de violence. Si vous avez été l'enfant sur qui tout repose au niveau des tâches quotidiennes, vous pouvez avoir tendance à en faire trop, à tout prendre en charge, et à effrayer ceux qui travaillent pour vous ou autour de vous, parce que vous prenez votre place de façon démesurée, sans laisser aux autres la possibilité de prendre la leur. On ne peut trouver sa place correctement que si l'on est suffisamment libre de tous les comptes non soldés de notre enfance, et bien sûr de tous ceux de notre arbre généalogique. Et que si le passé est suffisamment intégré pour nous laisser libres d'aller de l'avant, sans qu'il nous envahisse en permanence.

Chapitre 3
L'objectif : s'incarner de façon juste

Comment définir avec précision ce qu'est une place juste ? Ce à quoi on la reconnaît relève plutôt d'un *équilibre* entre plusieurs éléments assez subjectifs, jamais totalement ajusté ni définitif. S'agit-il de « succès » ? De « performances » ? De « réussite » ? Oui et non, pas seulement et pas tout à fait. Avant tout, il semble que ceux qui le vivent font état du sentiment profond d'être au cœur d'une place *vivante*. Là où les choses prennent forme, se transforment, s'élaborent et s'échangent. Tout cela étant sous-tendu par une forme d'exigence, d'où, de toute évidence, l'idée de *qualité* n'est jamais totalement éloignée.

Être à sa place : symptômes et manifestations

Lorsqu'on est à sa place, on le sait, on le « sent ». Certains trouvent les mots pour l'expliquer, d'autres le vivent, sans même y penser une seconde. Mais tous ont en commun un certain *plaisir* à faire leur travail, quelles qu'en soient les contraintes. Et dégagent un rayonnement qui ne trompe pas. Peut-être plus visible chez les extravertis, il se fera discret lorsqu'il s'agit de personnalités plus secrètes. Il est d'ailleurs difficile de qualifier l'état dont il s'agit sans avoir recours à des termes d'ordre existentiel : sentiment d'accomplissement et, pourquoi pas, une certaine forme de « bonheur », de plénitude, de paix intérieure ? Car le travail peut et doit rendre heureux. Heureux de vivre et de participer à quelque chose qui a du *sens*, pour soi et pour les autres. Le monde a besoin de nous pour le rendre meilleur et le travail n'a de sens que lorsque c'est à *cela* qu'il contribue.

Une place vivante

La vie est *mouvement*. Être à sa place, c'est épouser ce mouvement, et se sentir animé par une fluidité qui permet d'intégrer le changement sans jamais se laisser figer dans aucune posture définitive. Accueillir les expériences, dans un flux continu, sans résistance majeure, renforce à son tour la confiance et diminue les peurs et les défenses que tout un chacun peut nécessairement rencontrer en lui-même, à un moment ou à un autre.

Pour autant, il serait illusoire de penser que le but serait d'atteindre une sorte d'optimisme béat, où nous serions durablement à l'abri de tout obstacle : tous les jours, nous sommes au défi de nous adapter et de trouver des solutions à des problématiques parfois complexes, à des enjeux puissants, à une exigence de la part de nos interlocuteurs et à la nécessité de convaincre les marchés dans les-

L'OBJECTIF : S'INCARNER DE FAÇON JUSTE

quels nous évoluons. Et rien de tout cela ne disparaît, même lorsque nous sommes là où nous devons être. Il n'empêche que, dès lors qu'on l'a trouvée, la place juste offre, en même temps, une souplesse, une aisance et une liberté qui rendent les obligations moins pesantes, les difficultés plus faciles à résoudre et les frustrations acceptables. Et accorde l'espace adéquat pour se déployer avec assurance et légèreté face aux défis et aux contraintes des logiques professionnelles, au lieu d'y être simplement soumis, ou, pire, réduits au statut de victimes impuissantes.

En outre, la place juste génère *l'énergie* que tout cela exige de nous et qui nous permet de nous sentir actifs et moteurs. Que notre travail soit concret, intellectuel, psychique ou physique, varié ou pas, le fait de l'exercer « au bon endroit » nous stimule et nous porte en avant. Ce qui, tout à fait logiquement, nous ouvre des perspectives et nous place dans une dynamique constamment renouvelée. Peut-être n'avons-nous pas tous la même conception de ce qui nous entraîne. Peu importe : l'essentiel est de ressentir une envie de continuer, un désir de nous mettre en marche, de parler, d'inventer, d'entrer en relation, d'aller plus loin. C'est dans ce rapport subtil entre mobilité et énergie que ce que nous faisons jour après jour continuera à nous mobiliser – entièrement.

> **Un cuisinier accompli**
> Pierre Gagnaire n'est pas seulement l'un des meilleurs cuisiniers du monde, connu et reconnu comme tel depuis près de vingt ans. Sa cuisine, libre, légère et profondément créative, témoigne d'un incontestable plaisir de faire le métier qu'il fait, de le faire bien, parfaitement, tous les jours, pour

tous ceux qui viennent jusqu'à lui. Par ailleurs, avant de s'installer à Paris, à l'hôtel Balzac, et alors qu'il avait déjà obtenu trois étoiles au Guide Michelin dans son propre restaurant de Saint-Étienne... Pierre Gagnaire a fait faillite. Et il a su rebondir très vite, en abandonnant dans un premier temps l'idée d'être tout à fait son propre patron pour conserver l'essentiel, la possibilité de très faire bien son métier. Comme si, pour être à sa place à lui, de cuisinier hors pair, innovant, donc libre de trop de contingences, il lui avait fallu justement renoncer d'abord à la position de chef d'entreprise et d'homme d'affaires, pour mieux les retrouver par la suite. Qualité, pérennité, plaisir, créativité, détachement, patience... un alliage parfaitement évocateur de ce que sont les voies d'une place juste ?

Une place qui a du sens

Il peut sembler curieux d'évoquer la question du sens, lorsqu'on parle de place professionnelle : ça veut dire quoi ? En quoi est-ce le témoignage d'une place juste ? Et d'ailleurs comment sait-on que ce que nous faisons est porteur de sens, et que se passe-t-il, au contraire, si celui-ci vient à manquer ? D'aucuns rétorqueront que le travail n'est pas le lieu où ces questions-là sont censées affleurer. Pour nous, loin d'être un point de détail, c'est au contraire une problématique majeure, trop longtemps mise de côté comme totalement incompatible – soi-disant – avec une vision « réaliste » du monde, où profit, expansion et croissance sont prioritaires.

La réponse est éminemment *personnelle* ; chacun pourra en témoigner à sa manière, au-delà de l'idée d'une finalité très concrète, qui est déjà une première partie de la réponse : ce que je fais *sert* à quelque chose. D'une façon ou d'une autre, si je contribue à ce que le monde fonctionne *bien* ou *de mieux en mieux*, ma place y est tout à

L'OBJECTIF : S'INCARNER DE FAÇON JUSTE

fait justifiée et légitime, et je peux donc parfaitement lui trouver une raison d'être. Elle ne relève pas du hasard, mais d'une certaine forme d'engagement intelligent, et contribue à enrichir mon existence et ma compréhension de moi-même. La place juste nous inscrit ainsi dans une cohérence *globale* en reliant nos gestes quotidiens à une vision de nous-mêmes où la vie professionnelle vaut la peine d'être vécue, y compris dans les tâches les plus courantes et les plus routinières.

> **Thérapeute, chroniqueuse et témoin**
> Claude Halmos est psychanalyste, écrivain, et tient depuis très longtemps un courrier des lecteurs dans *Psychologies Magazine*, impressionnant de rigueur et de concision, appelant chaque lecteur à se poser des questions essentielles, sans détours et sans complaisance. Chez elle, métier, discours, références, posture, écriture, personnalité, tout – pour autant que l'on puisse en juger bien sûr – paraît ainsi parfaitement aligné, cohérent, de façon précise, durable et assumée. Tout donne ainsi le sentiment qu'elle a défini sa place et qu'elle l'endosse en conscience. Et que, de cette place qui est la sienne, elle peut non seulement soigner, écrire, témoigner, mais aussi intéresser et convaincre plus largement. À sa façon. Incarnant ainsi l'idée qu'une place juste non seulement se choisit, mais aussi se défend. De façon d'autant plus stricte peut-être qu'elle est plus publique et plus exposée.

Être présent, ici, maintenant

Pas de place juste sans une *relation* juste avec le réel, c'est-à-dire une interaction concrète, une alliance avec le monde, dans une dimension « ordinaire » et directement accessible par les sens – ce que l'on appelle la fonction « sensation » chez les jungiens – qui tient compte de ce qui est, et non pas de ce qu'on imagine devoir être. Certains parlent du geste conscient, ce qui traduit bien l'idée de lucidité, et d'ajustement total au moment vécu. Même dans les professions spécifiquement créatives, où l'imaginaire est plus facilement sollicité, on ne peut pas ne pas rencontrer, à un moment ou à un autre, l'étape de la concrétisation, qui nécessite qu'on soit présent à ce que l'on fait, dans la matière. La place juste est une place qui tient compte de ce passage par une forme qui impose ses limites, son imperfection et qui est donc, par nature, inévitablement incomplète. Comme la vie et l'ensemble de ce qui la constitue. Il y a, chez certains, une manière d'investir leur environnement professionnel, dans son caractère le plus immédiat, qui porte ses fruits tout simplement parce qu'elle ne se perd jamais dans une abstraction stérile et tient compte de la réalité des faits, quelle que soit la frustration qui en découle.

Être en paix avec le monde

Être à sa place donne de l'assurance et contribue largement à pacifier les relations : si je suis satisfait, reconnu, valorisé dans ma vie professionnelle, je risque fort de ne jamais avoir besoin d'écraser, de menacer ou d'attaquer qui que ce soit, parce que j'ai vraisemblablement mieux à faire… De fait, l'une des manifestations les plus évidentes d'une place juste est la qualité des interactions qu'elle génère. L'harmonie et la facilité se conjuguent avec un respect facilement partagé. Ceux qui sont à leur place témoignent ainsi naturellement de l'importance accordée à des valeurs de coopération et de courtoisie.

L'OBJECTIF : S'INCARNER DE FAÇON JUSTE

> **Un juste retour des choses...**
> Daniela, originaire d'un pays d'Europe de l'Est, est la serveuse unique d'un tout petit restaurant. Elle est toujours accueillante, toujours souriante, toujours disponible, même quand la vie lui est difficile. Les habitués de l'établissement sentent et savent qu'elle a plaisir à voir ses clients, à les retrouver, à les servir. Et ils le lui rendent bien...

Même si la place qu'occupe Daniela n'est pas vouée à durer – elle parle cinq langues et a logiquement d'autres ambitions, ce n'est pour elle qu'une première position d'insertion dans un pays encore étranger –, elle démontre bien comment une vision positive du travail – ici du service – et une certaine qualité d'adéquation entre ce que l'on est et ce que l'on fait peuvent générer très vite une spirale positive de réussite et d'intégration.

Lorsqu'on est à sa place, on ne trouve ni conflit inutile, ni perversion, ni violence. Au fond, tout cela est généralement vécu dans une certaine simplicité, qui n'exclut d'ailleurs ni la stratégie ni la ruse – lorsque celles-ci sont nécessaires. Harmonie n'est pas synonyme de naïveté ou de niaiserie béate. Le monde du travail est aussi un endroit où l'on se mesure à d'autres, et où la combativité prévaut pour survivre, pour gagner. C'est bien pour cette raison que la dimension éthique y est également tout aussi essentielle, et exclut radicalement les manifestations d'intolérance et d'atteintes à l'intégrité de quiconque. La place juste, en procurant tous les ingrédients d'un rapport équilibré avec le monde, permet aussi d'y trouver la paix. Et d'y faire régner l'altérité.

Même s'ils sont toujours trop rares, nous connaissons tous des artisans ou des commerçants, des professeurs ou des médecins, des infirmières ou des assistantes qui ont l'air d'aimer ce qu'ils (elles) font, qu'ils (elles) font bien... et qui nous font du bien en le faisant bien ! Au quotidien, tout simplement.

> **Détendu, ouvert et cordial... à chaque instant !**
> Joël, cadre supérieur d'une organisation importante, est animé d'une énergie qui ne se dément jamais. Ainsi, il se montre toujours énergique, chaleureux, cordial, même très tard le soir, même après soixante heures de travail dans une semaine, en dépit de plusieurs dizaines de réunions, plusieurs centaines de mails, les tensions et les contraintes qui vont avec.

Cette qualité d'énergie et de rayonnement dans l'exercice quotidien d'un métier est peut-être effectivement le signe le plus tangible d'une place juste. Quel que soit le métier, même s'il s'avère ingrat, mal rémunéré, peu considéré, sinon difficile, exigeant, contesté, chronophage, si nous sommes à notre place, qu'importe la place, qu'importe ce qu'elle implique, qu'importe le regard des autres, puisque c'est la nôtre justement...

Apporter sa pierre à l'édifice

Enfin, la place juste nous permet de manifester *à l'extérieur*, même à une toute petite échelle, une part de ce que nous sommes. Elle contribue à nous ancrer dans le monde et à nous rendre visibles à partir de ce que nous portons de plus *singulier*. Que notre désir soit de vendre des habits, de construire des programmes informatiques ou de tenir un restaurant, il s'inspire de nos valeurs, et s'appuie sur notre type d'énergie, de pensée et de communication. En cela, et quoi que nous fassions, notre place concourt à faire émerger les contours de notre « génie » personnel avec densité et précision, pour nous-mêmes et pour les autres. Un premier pas vers l'accomplissement ?

Accepter l'imperfection

La place juste serait donc la place « idéale » ? Certainement pas, car toute forme d'idéalisation tendrait à nous éloigner d'un réel exigeant, qui n'admet aucune illusion en termes professionnels. On pourrait plutôt parler d'une recherche d'équilibre et de cohérence, au jour le jour, entre ce que nous expérimentons et le désir qui est le nôtre. La place juste implique de se rapprocher en permanence d'une « direction éclairée », d'un alignement pertinent entre tous les facteurs dont nous avons parlé, et d'une utilisation intelligente de nos savoir-faire, impliquant une certaine humilité. Tout cela au quotidien. L'objectif est de tenir compte de l'imperfection de la réalité en faisant au mieux et au plus près de ce que nous sommes, sans jamais oublier que tout n'y est pas possible, tout le temps et en même temps. La place juste est, comme la vie, incomplète, imparfaite, sujette à variations. Nous n'y serons jamais que des occupants de passage, sans garantie d'un avenir radieux, mais parfaitement d'accord pour être aux commandes de ce chantier vaste, exigeant et, de toute façon, transitoire…

Et ce qui témoigne que l'on n'y est pas ?

Toute forme d'agitation ou d'insatisfaction récurrente au travail témoigne que quelque chose n'y est pas juste pour nous (même s'il est impossible de ne pas éprouver de temps à autre des baisses de régime, un ennui profond, ou des fantasmes de changement !). En l'occurrence, le malaise ressemblerait plutôt à une envie permanente d'aller voir ailleurs ou de courir après autre chose, pour compenser un manque dont on ignore la cause et l'origine.

De la même façon, être confronté de façon répétitive à certaines des situations qui suivent peut et doit nous amener à réévaluer notre place, à questionner notre véritable désir, et, pourquoi pas, à laisser émerger les prémices d'un changement de trajectoire :

- rencontrer des conflits récurrents dans ses relations professionnelles ;
- se sentir malmené, frustré, dépassé ou harcelé ;
- avoir des attentes impossibles à satisfaire ;
- devenir « indifférent » à ce qui se passe ;
- être systématiquement en échec ;
- remettre en question nos projets en permanence.

Au fond, toutes les manifestations extérieures d'une implication et d'un engagement en voie de disparition.

Les figures du football, des exemples évocateurs...

Le football est un sport symboliquement puissant car, de tous les sports collectifs, c'est celui qui suscite le plus d'engouement, cris-

L'OBJECTIF : S'INCARNER DE FAÇON JUSTE

tallise le plus de passions, draine le plus d'argent. Une équipe de football symbolise ainsi facilement toute forme de réalisation collective, aux résultats très concrets, aux sanctions très directes. Et la position de l'entraîneur évoque de même le management dans sa dimension la plus pure. D'ailleurs le fait qu'un entraîneur soit à sa place ou non – comme entraîneur, à ce moment-là, dans ce contexte-là – peut très vite générer des résultats... pour le moins contrastés. Tous ceux qui suivent un peu le football auront ainsi en tête des exemples éclairants de réussites spectaculaires ou d'échecs qui ne le sont pas moins. Démontrant ainsi très clairement que la place de l'un – surtout quand elle est centrale – peut effectivement conditionner le résultat de tous. Qui dit travail dit toujours relations en effet, donc interdépendance.

> José Mourinho, entraîneur actuel du Real de Madrid, ex-entraîneur de Porto, de Chelsea et de l'Inter de Milan, témoigne de ce qu'est une place juste dans la réalité opérationnelle, de ce qu'elle permet, comme des conditions de son expression. Sa fougue, son implication, le respect que lui témoignent ses joueurs, la qualité de ses résultats (il a déjà remporté deux Ligues des champions, ainsi qu'un nombre impressionnant de titres nationaux dans des pays différents) disent bien sa réussite. Même si, en même temps, sa mauvaise humeur, sa mauvaise foi, son agressivité permanente montrent bien qu'être à sa place – dans un métier de compétition – ne signifie pas nécessairement vivre dans la paix et l'amour. Et même si sa quête insatiable de trophées exprime sans doute aussi comme un manque au fond, un besoin irrépressible de compensation. Car rien justement n'est jamais parfait...

Chapitre 4

Installer une dynamique durable

Il est enfin un dernier facteur essentiel à prendre en compte quand il s'agit de définir sa place au travail, c'est bien sûr le facteur temps. L'idée même de « trouver sa place » pourrait en effet supposer que nous disposons chacun d'une place propre, que celle-ci serait fixe et nous serait acquise si nous avions su l'identifier correctement. Naturellement… il n'en est rien ! La recherche de sa juste place à soi n'est pas la quête initiatique d'un trésor enfoui que l'on pourrait révéler une fois pour toutes, mais bien plutôt une dynamique dialectique et durable de confrontation permanente entre soi et le monde.

Le temps est un allié

Le temps est ainsi un allié parce qu'il faut du temps pour découvrir ce que l'on aime, ce que l'on porte, ce que l'on veut vraiment, l'identifier, le dé-couvrir[1], malgré les injonctions, les interdits, les modèles et les conditionnements. Le temps est un allié parce qu'il faut du temps aussi pour comprendre alors ce qui est possible dans la réalité du monde qui nous entoure, à quel prix, dans quelles conditions, avec quels moyens. Et parce que de même – comme nous l'avons déjà évoqué plus haut – il faut aussi et encore du temps pour le mettre en œuvre, acquérir les compétences nécessaires, identifier les opportunités, rencontrer les alliés dont nous avons besoin, etc.

Le temps nous est utile aussi parce que – contrairement à certains présupposés usuels – c'est « en marchant qu'on apprend ». Beaucoup de nos clients – en conseil, en coaching comme en thérapie – aimeraient trouver « la » solution avant de se lancer, sur un modèle au fond rationaliste et presque scolaire. Comme si la question était une équation qui pouvait se résoudre sur le papier, avant d'être incarnée dans le réel, comme un ingénieur construit les plans du pont avant d'en confier la réalisation à une équipe de chantier, comme un architecte dessine les plans de sa maison dans le détail avant de poser la première pierre. Mais c'est bien sûr impossible. Nous ne pouvons pas savoir avant. Nous devons, sur la foi d'une idée persistante, d'une envie, d'une intuition, nous engager dans une voie qui nous semble riche de sens, sans certitudes et sans confirmations. En nous engageant, nous allons pouvoir faire de nouvelles expériences, découvrir des pans de réalité que

---

1. Au sens de retrouver ce qui est déjà présent, mais enfoui, et non d'inventer ce qui n'y serait pas encore…

nous ne connaissions pas. Et ainsi, en avançant, nous allons pouvoir valider ou infirmer des hypothèses, comprendre ce qui nous motive réellement ou pas, ce qui est possible ou non, avancer vers toujours plus juste et plus réel à la fois. Personne ne passe directement d'une place fausse à une place juste, d'un coup de baguette magique. Même et surtout dans les contes de fées, où le héros ne saurait atteindre l'objet de sa quête sans avoir traversé d'abord une succession d'épreuves. C'est un chemin que l'on dé-couvre en avançant. C'est notre chemin, et personne ne saurait le dessiner pour nous à l'avance.

> **Madonna ou l'importance de la volonté**
> S'il est un bel exemple de réussite planétaire, c'est bien celui de la chanteuse Madonna. Réussite spectaculaire, incontestable... et durable. Or, la réussite de Madonna est d'abord le produit d'une volonté farouche et sans faille, d'une conviction profonde, défendue coûte que coûte sur la durée. Alors même qu'elle n'avait au départ aucun appui, aucune relation et même, au dire de ceux qui l'ont connue jeune, pas vraiment de voix ni de talent, elle est parvenue au sommet de la gloire et de la richesse. Femme de ménage ou serveuse quand elle arrive à New-York à 19 ans, isolée, sans argent, sans même de quoi manger à sa faim tous les jours, elle va pourtant réussir l'incroyable parcours qu'on lui connaît. Parce qu'elle le voulait absolument, qu'elle était prête à en payer le prix, mais aussi parce qu'elle n'a jamais douté de son destin, ni renoncé à en informer la terre entière.

Ainsi, quand nous posons des intentions vraiment claires et que nous les défendons sans en démordre, le monde, souvent, conspire à notre réussite.

Jamais rien ne demeure…

Si le facteur temps est une dimension absolument essentielle, c'est aussi parce que les solutions définies évoluent nécessairement… dans le temps. Ce qui est vrai aujourd'hui ne sera plus vrai demain, en effet. Parce que le monde aura changé, les marchés auront évolué, les techniques aussi. Le métier que nous exerçons aura peut-être disparu. Ou peut-être ne pourra-t-il plus être effectué de la même manière. Mais aussi parce que nous ne serons plus les mêmes, que nos peurs et nos désirs, nos envies et nos convictions, nos besoins et nos motivations auront évolué. Nous n'aurons plus envie ni besoin d'apprendre ce que nous avons déjà appris. Riches de nouvelles expériences, nous chercherons d'autres leviers de progression. Plus âgés, nous ne pourrons peut-être plus tenir les mêmes rôles.

Le travail de définition et d'incarnation de sa juste place doit donc être réactualisé régulièrement, presque en permanence à vrai dire, pour tenir compte du flux d'informations que la somme de nos expériences produit à chaque instant. Même si nous avons mené un vrai travail de recherche intérieure, même si nous avons le sentiment aujourd'hui d'être à une place juste. Il convient ainsi d'être très attentifs à ce que nous renvoie le monde, comme à nos propres signes d'usure : « Est-ce toujours aussi fluide ? Ai-je encore envie ? Sinon, pourquoi ? De quoi parle cette lassitude, si lassitude il y a ? Pourquoi ai-je soudain moins d'énergie ? Ou moins de clients ? Ou moins de réussite ? »

INSTALLER UNE DYNAMIQUE DURABLE

Ce qui est vrai à un âge ne sera plus vrai ensuite en effet, les comédiens ou les sportifs, par exemple, le savent bien. Ce qui est vrai à un moment de notre développement ne le sera plus à un autre, parce que les expériences accomplies n'ont pas besoin d'être répétées. Ce qui est vrai aujourd'hui dans une profession donnée sera demain caduc, les informaticiens et tous les férus de technologie le vivent chaque jour. Peut-être devrons-nous ainsi changer de métier plusieurs fois. Et pourquoi pas ? Mais nous ne pouvons sérieusement, ni sans danger, imaginer que nous allons définir une place pour nous y accrocher ensuite, coûte que coûte et quoi qu'il arrive. La résistance au changement est naturelle. Nous aimerions peut-être plus de fixité, pouvoir nous reposer sur nos lauriers, savoir une bonne fois pour toutes qui nous sommes, ce que nous allons faire et comment. La résistance est un piège. Nous serons différents demain, le monde aura évolué, et nous n'y pouvons rien changer.

Rien n'est fixe, rien ne dure, tout est transformation. Même la matière – si stable en apparence – n'est qu'énergie en mouvement. Les bouddhistes aiment à parler d'impermanence et ils ont certainement raison. Tout change, tout devient, tout le temps. Dans ces conditions, trouver sa place est une dynamique permanente d'adaptation, d'ajustement à ce que nous devenons dans un monde en mouvement. La bonne nouvelle, c'est que rien n'est jamais figé au fond, tout reste ouvert. La mauvaise, c'est que rien n'est jamais donné, tout reste à construire et à reconstruire, que nous le voulions ou non.

Et vous ?

À la lecture de cette deuxième partie, nous vous proposons de vous livrer à un autodiagnostic, qui vous permettra de clarifier et de guider votre réflexion concernant votre place au travail.

1/ Comment vivez-vous votre place aujourd'hui ?

- Avez-vous le sentiment d'être à votre place ou non ?
- Quels sont vos difficultés, vos doutes, vos attentes ?
- Votre place est-elle valorisante, confortable, porteuse de sens ?
- Y êtes-vous reconnu pour ce que vous faites ?
- Vous y sentez-vous légitime, compétent, efficace ?
- Quels sentiments, conflits, frustrations y vivez-vous ?
- Quels sont vos interlocuteurs privilégiés ?
- Quelles sont vos attitudes et postures les plus courantes ?
- En quoi vivez-vous des similitudes avec votre place d'enfant ? (en termes de relations, de conflits, de limitations, d'échecs, de malaise, d'attentes irréalistes, de manque de confiance, etc.) ?
- Que répétez-vous ?
- Que pourriez-vous chercher à réparer à votre insu, de ce qui vous a manqué, ou a manqué à d'autres dans la famille ?

2/ Vous sentez-vous autorisé à prendre pleinement votre place, tel que vous le souhaitez et d'y réaliser vos aspirations, d'y utiliser vos talents ?

- Cela vous semble-t-il possible, accessible, réaliste ?
- Pouvez-vous vous offrir cette liberté ?
- Avez-vous le droit de prendre des risques ?
- De vous rendre visible ?
- De vous affranchir de votre famille ?
- De lui déplaire ?
- Dans le cas contraire, que redoutez-vous exactement ? Pourquoi ?

3/ Pour vous « réussir », c'est…

- Une voie de réalisation ?
- Un moyen de s'élever socialement ?
- Un moyen de gagner de l'argent ?
- Une façon de devenir indépendant ?
- Quitter, trahir, abandonner les autres ?

4/ Examinez votre trajectoire

- Comment avez-vous choisi votre métier ?
- Pour quelles raisons ?
- Avec l'appui de qui ?
- Quels sont vos modèles familiaux en termes de réussite ?
- Répétez-vous des situations d'échec déjà vécues dans votre famille ?

- Comment et où pouvez-vous faire des liens avec votre propre trajectoire ?
- Quels sont les éléments de votre parcours que vous maîtrisez ?
- Quels sont ceux qui vous échappent ?
- Votre trajectoire a-t-elle du sens pour vous ?

5/ Que représente le travail pour vous ?

- À quoi sert-il, selon vous ?
- En quoi êtes-vous proche des valeurs familiales dominantes, à ce sujet ?
- En quoi êtes-vous en rupture avec elles ?
- Est-ce facile pour vous à assumer ?
- À qui cela déplaît-il ?
- Qui trahissez-vous ?
- En quoi votre image du travail vient-elle vous empêcher de vous déployer comme vous le souhaitez ?

Pour conclure

Où pouvez-vous identifier des similitudes, des loyautés ou des répétitions (qu'elles se manifestent sous forme de trajectoires, de postures, de comportements, de croyances ou de scénarios) ?

TROISIÈME PARTIE

Places classiques, situations types : évaluer les critères de réussite

PLACES CLASSIQUES, SITUATIONS TYPES

Si interroger nos désirs profonds est essentiel dans notre quête de place juste, cela doit nécessairement s'accompagner aussi d'une évaluation des situations concrètes que nous vivons au travail – ou que nous pourrions vivre –, afin de rendre cohérents notre monde intérieur et notre environnement extérieur.

« J'en ai marre d'être salarié, je vais me mettre à mon compte », « Vivement que l'on me confie le poste de manager, que j'aie enfin les coudées franches… », « Faut-il que je choisisse entre ma passion et un métier alimentaire ? »… À partir de situations types, analysons les enjeux, les conditions utiles à réunir pour réussir et les leurres qui parfois nous habitent. Car il convient de prendre en compte tous les paramètres qui régissent telle place ou telle autre, pour faire un choix vraiment éclairé.

Chapitre 1

Se mettre à son compte

De toutes les façons de mieux définir sa place, la plus tentante, pour beaucoup d'entre nous, consiste à s'imaginer libre et indépendant. Sans Dieu et sans maître. Et il est vrai que, quand on a été longtemps salarié – « prisonnier » d'un système contraignant, devant rendre compte de ses horaires et demander la permission de prendre des congés –, la perspective d'être un jour son propre chef est extrêmement attirante. Devenu compagnon, l'ancien apprenti rêve de devenir maître à son tour. Quoi de plus normal, de plus légitime ? Ce n'est pourtant pas si simple…

L'enjeu : être prêt à quitter le nid

Se mettre à son compte n'a rien d'anodin en effet. Ni sur le plan matériel, ni sur le plan social, ni sur le plan psychologique. Car s'installer à son compte constitue toujours *à la fois* un affranchissement, une affirmation et une prise de risque.

Qui dit indépendance dit affranchissement en effet. L'entreprise, l'administration ont toujours symboliquement quelque chose d'une famille pour leurs salariés qu'elles dirigent et rémunèrent. Quitter le salariat, c'est donc un peu comme quitter ses parents, le père/patron qui nous dit quoi faire, où et quand, la mère/institution qui nous verse en échange un salaire en fin de mois pour subvenir à nos besoins matériels. L'enjeu psychologique est donc réel. Plus de cadres, de structures autres que ceux que nous serons en mesure de créer, rien d'autre sur notre carte de visite que notre propre nom et notre propre métier, pas d'autres perspectives que celles que nous saurons inventer au fur et à mesure, pas d'autre sécurité que celle que nous portons à l'intérieur de nous-mêmes…

Qui dit indépendance dit aussi affirmation. Quitter un job salarié pour créer son activité à soi, son emploi, sa « boîte », c'est un peu comme quitter un appartement en location dans un grand ensemble pour acheter un terrain et y faire construire librement sa propre maison. Perspective bien plus excitante bien sûr, mais qui suppose aussi un niveau d'engagement beaucoup plus élevé, une idée claire de ce qui nous motive et nous dirige, ainsi qu'une vraie capacité à s'autoriser une forme de liberté personnelle…

Qui dit indépendance dit enfin prise de risque, donc capacité à en mesurer l'étendue, à en piloter la maîtrise, à en accepter l'enjeu. Il n'est jamais de transformation importante sans prix à payer.

Les conditions de réussite : être « configuré pour »

Même si nous pouvons tous nous poser la question de l'indépendance, se mettre à son compte n'est pas donné à tout le monde.

Une réussite indépendante exige en effet concrètement que trois conditions soient globalement réunies, trois conditions essentielles, impératives, plus difficiles à rassembler qu'il pourrait y sembler au premier abord :

- être réellement très autonome, et avoir profondément envie de cette autonomie totale et permanente ;
- maîtriser un métier qui puisse effectivement s'exercer de façon indépendante ;
- disposer d'un réseau ou d'une base de clientèle, sinon au moins d'une envie profonde de se les construire.

Posée ainsi, l'équation paraît logique, mais aussi sans solutions évidentes. Être profondément autonome, avoir envie de cette autonomie permanente ne se décrète pas en effet.

L'avis du coach

J'ai connu ainsi de très bons créatifs en agences de publicité qui, tentés par l'aventure du free-lance... sont revenus ensuite en agence, alors même qu'ils avaient très bien gagné leur vie à titre indépendant, souvent mieux que comme salarié. Les uns parce qu'ils s'ennuyaient d'être isolés, de n'avoir personne avec qui prendre le café le matin, plaisanter l'après-midi et « charretter » le soir. D'autres parce que la gestion, les bons de commande, les devis, les factures, les relances aux clients leur étaient par trop étrangers pour pouvoir vraiment s'assumer seuls sur la durée. D'autres enfin parce qu'ils avaient le sentiment d'avoir perdu contact avec la dimension la plus innovante de leur métier, et préféraient retrouver une structure « à la pointe » de leur profession, plutôt que d'évoluer seuls à des niveaux plus modestes. À l'inverse, ceux qui se sont durablement installés à leur compte n'étaient pas nécessairement plus solitaires, ni plus compétents, ni plus matures, ni moins exigeants, ils étaient seulement... plus radicalement indépendants. Au point, eux, de ne pas supporter d'avoir un patron, et de préférer être seuls que mal entourés. Donc prêts de fait à « payer le prix » de leur indépendance.

Maîtriser un métier qui puisse s'exercer de façon indépendante, se vendre « à la pièce », permettre la création d'un atelier, d'une boutique ou d'un cabinet n'est pas non plus donné à tout le monde. Par nature. Si un avocat ou un architecte ont effectivement facilement le choix de travailler seul ou en cabinet, à quelques-uns ou à plusieurs, si un plombier, un électricien, une infirmière, un développeur informatique, un graphiste ou un ingénieur du son peuvent facilement se mettre à leur compte s'ils en ont l'envie réelle et profonde, un chirurgien, non ! Pas plus qu'un directeur d'agence bancaire, un chef de projet, un manager de chantier, un chercheur en biologie, un chef d'escadrille ou une assistante de direction, en tout cas pas dans la continuité directe de leurs métiers actuels. Indépendamment de questions de compétences ou de niveaux, il est de très nombreux métiers en effet qui n'ont pas de sens pris de façon isolée. Si votre plaisir consiste ainsi à manager des équipes – et à moins d'avoir l'ambition et l'énergie de construire une entreprise à part entière –, une position isolée n'est pas pour vous. De même si votre métier, par ses enjeux, les moyens technologiques qu'il engage, suppose autour de vous des investissements considérables, l'indépendance – au sens propre – n'a simplement pas de signification pour vous, et il n'y a rien à regretter.

Disposer enfin d'un réseau, d'une base de clientèle, d'un minimum de qualités commerciales ou tout au moins activement relationnelles ne saurait non plus appartenir à tous. Si pour vous le commerce est « sale » ou ennuyeux, si vous ne connaissez personne ou pas grand monde, si vous n'aimez pas les relations, si vous n'avez jamais appris à vous en faire, mieux vaut sans doute s'abstenir. Ou sinon se préparer résolument à un changement d'attitude rapide et radical. Il en va de même si l'idée d'avoir à vous « vendre » vous-même vous semble insupportable. Il n'est pas d'avocats en effet, de consultants, de décorateurs d'intérieur, de créatifs ou d'informaticiens free-lance[1] qui ne vivent bien leur indépendance sans une attitude résolument commerciale, sous une forme ou une autre. Même quand il s'agit de professions que l'on imagine moins commerçantes par nature, ce n'est au fond pas si différent. Ce qui distingue ainsi des peintres, des thérapeutes, des comédiens[2], des voyants ou des restaurateurs de tableaux qui vivent bien de leur métier, de ceux qui ne parviennent pas à s'en nourrir, ne tient pas toujours à leur seul talent, mais aussi à leur capacité à le rendre visible, le communiquer, le partager, et trouver ainsi concrètement les clients ou les prescripteurs dont ils ont besoin.

---

1. Pour certains métiers qui s'y prêtent, l'intérim ou la régie peuvent représenter une sorte d'intermédiaire entre le salariat classique à temps complet pour un employeur unique et une position indépendante qui exige son propre développement. Une façon d'être salarié, mais sans patron, dans une position plus libre mais plus précaire, où l'agence d'intérim, la SSII jouent le rôle de « placeur »…
2. Quand on dispose d'un bon galeriste ou d'un bon agent il est vrai, la question ne se pose plus en ces termes, et la nécessité d'être son propre commerçant disparaît. Mais un tel état de fait ne concerne que la pointe de la pyramide, les quelques-uns au sommet qui n'ont effectivement plus besoin de s'en soucier. Pour les autres, tous les autres, le commerce demeure une nécessité vitale.

Car être à son compte veut dire être son propre patron. C'est-à-dire aussi celui qui pilote l'ensemble des composantes de son activité, la production, la vente *et* la gestion. À ce titre, ce n'est ni un « must » de modernité ni un « pis-aller » pour cadres seniors licenciés, mais une place, une vraie place, spécifique et exigeante, qui ne saurait correspondre à tous. Et s'il est ainsi des individus pour qui cette place-là va de soi – nous pouvons l'affirmer sans nuances, nous en faisons partie l'un et l'autre ! –, il en est aussi d'autres, beaucoup d'autres, pour qui elle n'est pas juste… et n'a pas à l'être.

Les leurres : confondre les quêtes…

Se mettre à son compte peut aussi être un piège. D'autant plus subtil qu'il est plus tentant. D'autant plus « efficace » que s'y jouent en profondeur des dimensions plus inconscientes. Le mot « indépendant » lui-même porte déjà en soi quelque chose de cette ambiguïté, qui désigne à la fois une qualité personnelle et une catégorie de professions.

Le risque en effet est celui d'une confusion entre la dimension « intérieure » de la question (s'affranchir en soi de ce que d'autres ont voulu pour nous) et sa dimension « extérieure » (se mettre effectivement, concrètement à son compte dans le monde réel, développer une activité, trouver des clients). Il y a alors une confusion en termes d'objectifs et de moyens : « J'ai réellement besoin de gagner en indépendance, j'en déduis à tort que je dois devenir free-lance. » Et une confusion en termes d'envies et d'activités : « J'ai effectivement besoin de me réconcilier avec certaines dimensions de moi-même, j'en conclus sans vraie raison que je dois en faire un métier. »

Nous avons ainsi vu beaucoup d'individus réellement soucieux d'évolution personnelle, pour d'excellentes raisons intérieures, croire que se mettre à leur compte était pour eux *la* solution… alors qu'ils ne maîtrisaient en fait aucun des critères de réussite évoqués plus haut. Et qu'ils n'avaient donc aucune chance d'y parvenir. Sans réaliser que l'indépendance dont ils avaient besoin était d'abord une question d'affranchissement intérieur, et qu'il était aussi des façons indépendantes d'être salarié (voir le chapitre 2, page 141).

Nous en avons de même rencontré beaucoup d'autres, en quête positive de créativité personnelle, s'imaginer qu'ils allaient pouvoir devenir ainsi directement galeristes, peintres, décorateurs ou documentaristes. Métiers pourtant excessivement difficiles dans leur exercice professionnel réel, où seuls les plus ajustés, les plus expérimentés, les mieux implantés, les plus réellement commerçants parviennent à s'imposer… Combien de plasticiens autodéclarés arpentent ainsi des salons d'artistes qui ne nourrissent que leurs organisateurs ? Combien de décorateurs ou d'architectes d'intérieur se contentent de vivoter laborieusement, s'ils ont la chance d'avoir un conjoint qui paye le loyer à leur place ? Combien de documentaristes – même talentueux – ne vivront jamais de leur art ? Car si toute place professionnelle juste suppose un équilibre profond entre ce que je suis et ce que le monde achète, les places indépendantes sont à ce titre plus exigeantes encore en termes d'ajustement. On y est seul et « nu » en effet. Seul maître à bord et donc seul responsable aussi. Toute erreur s'y paie « cash ». C'est ce qui en fait le prix, mais aussi la difficulté.

Chapitre 2

Être salarié

Être salarié demeure – et de loin – la manière la plus répandue d'exercer un métier. Que l'employeur soit une petite ou une grande entreprise, qu'elle soit locale ou multinationale, publique ou privée, qu'il s'agisse sinon d'une association, d'une fondation, d'une institution, c'est la position usuelle au travail dans nos sociétés. Pas celle qui fait le plus rêver, peut-être, mais bien celle qui fait vivre concrètement la majorité des Français. Au 31 décembre 2009, l'INSEE indiquait ainsi officiellement[1] en France le chiffre – très précis – de 23 616 300 emplois salariés (contre « seulement » 2 390 500 emplois non salariés). Sans compter bien sûr les demandeurs d'emploi, en attente de trouver ou de retrouver un emploi salarié. Et sans compter non plus les auto-entrepreneurs en lien avec un seul client, les intermittents du spectacle travaillant avec un seul employeur, les avocats collaborateurs de cabinets et tous ceux

---

1. Voir site de l'INSEE : www.insee.fr/fr/themes/tableau – Emploi salarié et non salarié au 31 décembre – Information disponible en novembre 2011.

qui, par leur position réelle de subordination à un employeur unique, sont de fait, sinon de droit, dans une position plus ou moins équivalente à celle d'un salarié « à droits complets ». En apparence, être salarié est aussi la position la plus radicalement inverse de celle du travailleur indépendant, installé à son propre compte, que nous venons d'évoquer plus haut. Et pourtant, au-delà des catégories juridiques et des appellations usuelles, la réalité est en fait plus subtile. Et heureusement…

L'enjeu : être indépendant… en place de subordonné

L'enjeu, ainsi, est simple à concevoir et à formuler, et pourtant délicat à mettre en œuvre. Comment réussir en effet à trouver sa propre place, sa place à soi, une place qui nous corresponde vraiment… alors même que nous sommes subordonnés à un employeur ? Comment garder une forme d'indépendance – seule garante d'une affirmation personnelle véritable – malgré les contraintes évidentes, inévitables de la position salariée ? Comment réussir à se sentir libre de mener sa vie professionnelle, alors que ce n'est pas nous, *a priori*, qui décidons de ce que nous allons faire, ni où, quand, avec qui et comment ? Enjeu délicat mais majeur, fondamental, car le salariat, même s'il régresse, a vocation à rester encore durablement le mode dominant du rapport au travail. On n'imagine pas – ou pas encore – de façon réellement différente de concevoir l'entreprise et sa production…

Les conditions de réussite : penser le travail en termes de contrats

Au même titre que l'enjeu, les conditions de réussite sont faciles à énoncer... et difficiles à intégrer, au moins pour certains d'entre nous. Elles sont en fait de deux types, d'ailleurs parfaitement complémentaires :

- malgré la position de salarié, demeurer résolument acteur de son métier, de son évolution, de sa « carrière » ;
- malgré les pressions, malgré le confort associé aussi, accepter de penser durablement le salariat en termes de « contrat », donc d'équilibre et de négociation.

Même s'il en découle historiquement, le salariat en effet n'est pas une sorte de servage moderne, comme certains aimeraient encore à le faire croire, mais bien toujours l'expression d'un contrat, par lequel deux parties – l'employeur et le salarié – se mettent librement d'accord. Qui dit contrat dit possibilité de rupture, et pas seulement par l'employeur... Donc liberté permanente « d'aller voir ailleurs ». Qui dit contrat dit aussi négociation et renégociation possible, et pas seulement à l'embauche. À condition bien sûr d'être capable de reconnaître et d'exercer cette liberté. Ce qui n'est pas en soi une affaire de diplôme ou de milieu social, mais plutôt de conception du travail, d'indépendance personnelle et d'employabilité effective.

Un chef pâtissier actif, un serveur s'il est mobile, une infirmière diplômée, un électricien compétent, une assistante de direction bilingue, par exemple, peuvent très bien changer d'employeur souvent, facilement, à leur propre initiative, en fonction de leurs propres désirs. Parce que les conditions d'exercice actuelles leur déplaisent. Pour le plaisir de changer de quartier, de ville ou de région. Parce qu'ils souhaitent multiplier les expériences différentes ou progresser plus vite dans leur métier. Au même titre qu'un jeune diplômé de grande école, un informaticien chevronné ou un patron reconnu, et même parfois plus facilement encore.

Bien sûr il est des périodes et des conjonctures plus favorables que d'autres, de même qu'il est des régions où les opportunités sont plus nombreuses. Bien sûr il y aura toujours un prix à payer, ne serait-ce qu'en termes d'efforts et d'insécurité relative. Mais les donnes du jeu salarié sont bien plus équilibrées qu'on ne le pense trop souvent. Dans un recrutement, ainsi, beaucoup de candidats vivent le processus d'ensemble comme une sorte d'épreuve scolaire, ou de jeu-concours, où seul le meilleur sera choisi. Alors que la vérité est généralement différente, puisqu'il s'agit seulement d'un processus de tamisage duquel au final doit sortir le candidat le mieux ajusté au contexte. Et que celui qui recrute aura parfois plus besoin de celui qu'il essaie de convaincre – une urgence, un poste vital, etc. – que le candidat retenu n'aura besoin de ce travail-là. Parce qu'il a d'autres propositions, qu'il est encore en poste ou sinon indemnisé pour continuer à en chercher un…

Il est donc possible – même si ce n'est pas un long fleuve tranquille – de vivre le salariat… de façon très indépendante ! En pensant le déroulement de sa vie professionnelle non comme l'abandon à une autorité extérieure, mais bien comme une succession potentielle maîtrisée de contrats librement négociés, donc d'opportunités de progresser, de croître intérieurement, de se rapprocher de sa vraie place. Ce qui suppose bien sûr d'en assumer les conséquences en termes d'efforts et de vigilance. Pour être l'acteur durable de son évolution professionnelle, pas question en effet de ne pas piloter son CV, son réseau, sa formation, de ne pas être en permanence l'acteur positif de son développement personnel comme de son employabilité professionnelle. Ici non plus, on ne saurait avoir le beurre et l'argent du beurre, c'est-à-dire le confort, la tranquillité, la passivité, la sécurité d'une position que d'autres définiraient pour nous à notre place… et en même temps les avantages de l'indépendance ! Enfant ou adulte, il faut toujours choisir son camp.

Les leurres : croire que les situations sont figées

Par facilité, par habitude, sous la pression du patron ou du collectif, il est toujours tentant en effet – mais dangereux aussi – de laisser l'autre décider de notre valeur et de notre place, de ce que nous devons vivre et pourquoi. À ce titre, les grandes institutions – publiques ou privées – peuvent constituer des environnements très ambivalents, à la fois suffisamment riches, larges, ouverts pour offrir de nombreuses possibilités d'évolution à ceux qui les rejoignent, et en même temps suffisamment puissants pour imposer leurs propres besoins, ainsi que leurs propres logiques de carrières. Les conséquences qui en découlent sont alors difficiles à vivre. Des collaborateurs fidèles et loyaux se retrouvent dans des « impasses » internes, des positions utiles pour l'entreprise à court terme, mais sans avenir pour eux. L'individu concerné finit par sortir ainsi de ses propres chemins… Au pire, il peut se trouver dans une situation vraiment délicate si la fonction disparaît et que l'entreprise doit licencier, par exemple.

Pour des raisons parfois plus inconscientes, il peut être tentant également de préférer les positions de victimes à des positions plus autonomes… et plus engagées. Nous avons tous connu en entreprise des collaborateurs qui se plaignent en permanence du peu de responsabilité qu'on leur offre et du peu d'attention qu'on leur accorde, mais qui trouvent aussi toujours une raison de les refuser quand ce serait possible. Trouver sa place à soi en étant salarié exige nécessairement de sortir d'une forme de soumission à l'autorité, mais aussi d'une forme de rébellion systématique et adolescente…

Il est enfin naturel de vouloir défendre les avantages que l'on a obtenus, mais c'est aussi l'un des pièges les plus subtils proposés aux salariés, surtout à partir d'un certain âge ou d'une certaine position sociale. Trouver sa place – durablement, de façon dynamique – suppose en effet de ne pas se crisper sur le titre, le salaire, les positions actuelles. Quelles qu'elles soient, peut-être vous faudra-t-il y renoncer demain, ne serait-ce que pour trouver « mieux »… C'est-à-dire plus ajusté à la personne que vous êtes et à ce que vous aimez vraiment. Et pourquoi pas en effet ? En revanche, si l'acquis devient une exigence, donc une contrainte, l'exercice risque fort de s'avérer compliqué. D'autant que, dans un monde aussi mobile et complexe que le nôtre, rien n'est jamais acquis de toute façon…

Chapitre 3

Collaborateur ou manager : être ou ne pas être « patron » ?

Dans beaucoup de métiers, quand on est salarié, l'une des voies de progression les plus naturelles consiste à devenir manager, et de prendre ainsi la responsabilité d'une équipe. Le téléconseiller devient superviseur, le serveur, chef de rang, le chef de projet, manager, l'attaché commercial, directeur des ventes, le guichetier, responsable d'agence. En termes d'évolution de « carrière », de position, de salaire, de responsabilités, rien de plus normal. Occuper cette place en revanche n'a rien d'innocent…

L'enjeu : endosser un nouveau costume

L'enjeu d'une transformation d'un individu salarié – sans autres responsabilités directes que celles de son propre travail – en manager d'équipe, de secteur, de projet, de business est toujours double en effet. C'est d'abord un changement de position par rapport aux autres, puisque de simple exécutant – fût-il brillant – il devient à la fois celui qui donne les ordres et celui qui les reçoit. C'est donc, dans le même temps, un changement vis-à-vis de soi-même, puisqu'il s'agit de quitter une place de soumission relative pour endosser un costume de « patron », fût-il limité. C'est pourquoi le changement, même s'il est légitime, naturel, et dans certains cas simple à réaliser au plan professionnel, n'est jamais neutre au plan psychologique. Ce n'est pas une simple péripétie, comme pourra l'être ensuite le fait de changer d'équipe à manager, si les circonstances le permettent ou l'exigent.

Les conditions de réussite : conjuguer altruisme et responsabilité

De même que l'enjeu est double – à la fois intérieur et extérieur, comme au fond tout ce qui relève de la place au travail – la réussite de la transformation demande notamment de réunir deux conditions nécessaires :

- la première tient à une capacité à s'intéresser effectivement aux autres… qui va souvent moins de soi qu'il pourrait y paraître au premier abord ;
- la seconde relève plutôt de l'autorisation intérieure : autorisation de prendre une place de « chef », de « patron »… donc d'homme et de père, selon nos catégories symboliques ordinaires.

En ce qui concerne la capacité à s'intéresser aux autres, il y a là quelque chose qui ne se décrète pas, mais sans lequel l'exercice de la fonction n'a pourtant aucun sens. Manager – donc orienter,

Collaborateur ou manager : être ou ne pas être « patron » ?

accompagner, coordonner, recruter, former, coacher, sanctionner, trancher, animer, récompenser – ne peut se faire bien sans une envie réelle d'être en relation. Les meilleurs managers aiment le fait d'être en équipe, d'être entourés, d'avoir une influence sur un groupe, d'être au cœur d'un dispositif de décision collective.

Guy Roux, entraîneur légendaire de l'équipe de football professionnelle d'Auxerre – et, pour autant qu'on puisse en juger par ses résultats, sa longévité et son discours, exemple positif d'une place au travail durablement réussie –, disait bien qu'il lui fallait « aimer » ses joueurs pour être performant comme entraîneur, et obtenir de bons résultats sportifs avec eux. Et que quand il avait du mal à les aimer, faute d'énergie, de disponibilité… ou d'affinités, il était rare que les performances de l'équipe ne s'en ressentent pas. Alors qu'à l'inverse les pires managers que nous avons côtoyés sont souvent les plus indifférents à leurs équipes. Sans parler ici de cas au fond extrêmes, qui usent et abusent de leur autorité, par exemple, pour satisfaire des pulsions perverses, trop de managers sont simplement médiocres parce que davantage intéressés par la position (prestigieuse) que par la fonction. Soit parce que l'autre ne les concerne pas, et qu'ils ne font cas que de leur propre importance, attentifs au chef et à son regard, mais indifférent à leurs propres équipes. Soit parce qu'ils ne savent pas communiquer réellement, et que la fonction les expose plus clairement à leurs propres limites. Preuve s'il en était besoin que manager n'est ni une récompense ni un privilège, mais bien un métier, exigeant comme tous les vrais métiers, donc aussi une place professionnelle spécifique.

Pour devenir manager, et que cette évolution ait effectivement pour tous un sens positif, il faut être ainsi capable de s'en donner l'autorisation, et d'en assumer les conséquences en termes d'autorité à exercer. Pour certains, bien sûr, cette question ne se pose pas. Ils en ont spontanément envie, ils l'ont su très vite, devinent instinctivement comment s'y prendre, ne veulent de toute façon pas rester seulement subordonné… et tout se passe généralement bien. Mais pour d'autres, la question est plus délicate, parce qu'elle touche à des questions de place personnelle, profondément enfouies parfois, et notamment dans leur relation au père. Et ce, que l'on soit homme ou femme… Nous y reviendrons (voir partie 4, page 163).

Les leurres : obligé de grimper dans l'ascenseur social ?

Devenir manager n'est ainsi ni une obligation ni une panacée. C'est une voie de progression, mais ce n'est pas la seule, et ce n'est pas nécessairement la nôtre. Certains le savent bien qui, très, trop indépendants par exemple, ne peuvent et ne veulent pas assumer une fonction de courroie intermédiaire entre la direction et les équipes. Ces derniers préféreront légitimement des positions plus libres et plus personnelles. D'autres aussi, plus soucieux de technicité que de relations humaines, peuvent très bien assumer de ne pas devenir manager, pour conforter une position d'expert, plus conforme à leurs aspirations propres. Trouver sa place, c'est aussi savoir renoncer parfois aux sirènes de l'ascension sociale, car en la matière, les leurres sont de deux ordres au moins…

Collaborateur ou manager : être ou ne pas être « patron » ?

Certains croient ainsi que manager est une récompense, une « barrette » sur leur uniforme de cadre, une forme de privilège, que leur nouvelle position leur donne seulement des droits sur « des gens » et pas de devoirs. Ils s'imaginent ainsi que manager c'est simple, qu'il suffit de décider et de se faire obéir, ils voudraient le prestige de la fonction sans en payer le prix. Position trop souvent répandue, qui peut créer beaucoup de souffrances et d'entropie…

Pour d'autres, presque à l'inverse, manager est vécu comme une obligation, parce qu'on le leur propose, et parce que c'est la voie normale d'évolution, pas parce que c'est un plaisir ou l'expression d'une aspiration personnelle… Là est d'ailleurs peut-être le piège le plus fréquent. Changer de place non parce qu'on le porte, mais par obéissance, parce que « ça se fait », parce que « ça ne se refuse pas ». Et s'il est vrai qu'en entreprise, dans certaines structures pyramidales notamment, il est difficile de progresser sans manager à un moment ou à un autre, ce n'est pourtant pas nécessairement la voie juste *pour soi*. Être un plombier compétent est une chose, manager une équipe de plombiers une autre, et l'un ne découle pas naturellement de l'autre. On peut être un bon manager sans avoir été un bon collaborateur – ainsi en va-t-il pour Guy Roux d'ailleurs dont les performances de joueur sont, elles, restées modestes – ou à l'inverse aimer l'exercice direct d'un métier concret sans avoir envie de gérer ceux qui le font. Le tout, là encore, est seulement d'être clair avec ses propres motivations réelles.

Attention ! Il n'est pas question de dire ici que manager ne s'apprend pas, et que la capacité à exercer la fonction serait une dimension innée, selon une légende encore assez répandue en entreprise. Bien au contraire. Comme tout métier, manager s'apprend effectivement, se travaille, on peut naturellement s'y initier, s'y exercer et s'y perfectionner... À condition cependant d'en avoir réellement la possibilité et l'envie. Car, comme tout métier aussi, la position de manager suppose une adéquation réelle entre ce qu'elle exige et ce que je porte. Et que cette adéquation est d'autant plus exigeante que l'autre – ici les collaborateurs – y est directement impliqué. Pour certains d'entre nous, cette place propre a donc du sens. Pour d'autres, elle va nécessiter un travail préalable avant d'être réellement possible. Tandis que d'autres devront simplement chercher ailleurs leur juste place professionnelle.

Chapitre 4

Entrepreneur et « chef » d'entreprise

En termes de place au travail, la position de chef d'entreprise[1] est logiquement un « must ». Dans nos sociétés, c'est ainsi l'un des modèles les plus positifs, les plus accomplis, les plus valorisés – même si ce n'est pas sans contestation, sans jalousie, ni arrière-pensée. Avec les positions d'expression individuelle les plus convoitées – artiste, comédien, chanteur ou sportif de haut niveau –, c'est donc bien sûr l'une des plus attirantes…

L'enjeu : une entreprise vaste et ardue

L'entrepreneur est en effet la fois « indépendant/à son compte » et « manager/patron », pour reprendre simplement nos catégories

---

1. Nous envisageons ici le chef d'entreprise au sens entrepreneurial du terme, i.e. celui qui crée sa propre structure à ses propres risques. Le patron « salarié » – quel que soit son statut réel – d'une structure qui ne lui appartient pas et qu'il n'a pas fondée est lui dans une position différente, plutôt de « manager supérieur », au sommet de la pyramide hiérarchique.

précédentes. Pour créer une entreprise à part entière – avec une visibilité sociale complète, des clients, des fournisseurs, des banquiers, des salariés – il s'agit bien non seulement de se mettre à son compte, de s'affranchir ainsi de toute forme de tutelle directe, mais aussi de lancer une activité, de créer une place dans le monde, de fédérer une équipe autour de soi. À ce titre, c'est sans doute la position qui a par nature le plus de liens symboliques avec la famille. Si le salariat a toujours quelque chose à voir avec une position d'enfant, et si se mettre à son compte parle souvent d'un besoin profond d'indépendance, la création d'une entreprise a toujours quelque chose à voir en effet avec la création d'une famille. Et les histoires de famille y sont d'ailleurs souvent plus directement présentes, à un niveau ou à un autre (modèles, reprises, compensations, injonctions…).

Les conditions de réussite : être à la hauteur de l'exigence

L'enjeu est plus difficile, c'est incontestable, les bénéfices potentiellement beaucoup plus élevés, les conditions de réussite donc plus exigeantes. Outre l'ensemble des conditions déjà évoquées dans « Se mettre à son compte » – puisque c'est de cela aussi qu'il s'agit –, le chef d'entreprise va devoir en plus :

- Savoir gérer durablement une pression considérable. Seul maître à bord – même s'il partage la responsabilité avec des associés – il a directement la charge… de tout. S'il est encore possible – au moins dans certains métiers – de se mettre à son compte en conservant une certaine liberté de mouvement, du recul et du temps disponible, il est à peu près impossible – au moins dans un premier temps – de créer une entreprise avec distance ou dilettantisme. C'est une œuvre parfois, un sacerdoce pour certains, presque toujours un engagement de tous les instants, qui suppose l'envie et la capacité à gérer la pression qui va avec.

- Piloter l'ensemble des dimensions d'une entreprise de façon satisfaisante. Outre un engagement sans faille, créer son entreprise demande en effet une vraie capacité à manager à la fois les dimensions techniques, commerciales, humaines et financières. Même si l'on peut partager la responsabilité avec des associés, même si l'on peut s'entourer de conseils, de partenaires ou de collaborateurs compétents, le management de l'entreprise exigera dans tous les cas de son patron un très bon niveau de compréhension et d'ajustement au réel, sous toutes ses formes : l'argent, les relations avec les autres, le commerce, les logiques de partenariat, les contraintes techniques… À ce titre aussi, la fonction est terriblement exigeante. De toutes les places possibles, c'est ainsi bien sûr celle qui s'improvise le moins.

Les leurres : désirer pour d'autres que nous

On rencontre parfois des individus, fascinés par le prestige de la fonction, qui s'imaginent volontiers riches et puissants sans avoir les qualités, l'énergie, le réalisme pour mener à bien les projets nécessaires. Mais cette motivation-là résiste rarement longtemps à la réalité. Quelque faillite précoce, quelque échec cuisant vont, sinon les décourager tout à fait, au moins les ramener concrètement à des projets professionnels plus simples et plus modestes.

C'est pourquoi, en termes d'entrepreneuriat, les leurres les plus subtils sont plutôt à rechercher justement du côté de l'histoire familiale…

Mon père, mon grand-père, mon oncle, mon frère peut-être, tous ont créé des entreprises et gagné beaucoup d'argent. Je ne serai donc à la hauteur du modèle que si, à mon tour, je réussis comme eux. Mais ai-je pour autant l'envie ? Les qualités ? Les opportunités possibles ? D'autant que le monde a évolué, et que c'est sans doute plus difficile aujourd'hui qu'hier… Ai-je même le droit de me poser la question ? Pourtant, sous peine de me sentir inférioriser – je ne saurais être seulement salarié, comme étaient… les collaborateurs de mes illustres prédécesseurs –, je me dois d'essayer à mon tour, et de réussir bien sûr. Injonction redoutable, pression terrible. Qui peut me conduire à y parvenir, fort de vrais exemples et faute d'avoir le choix, mais au prix du sacrifice de ce qu'est ma vraie motivation… Jusqu'à ce que j'en prenne conscience tout au moins et parvienne à infléchir une route – brillante en apparence – mais peut-être fausse aussi *pour moi*.

Cet aspect est d'autant plus important à prendre en compte s'il s'agit de reprendre une entreprise familiale. Parce que j'ai été désigné pour en être l'héritier, et qu'une telle responsabilité (chance ?) bien sûr ne se refuse pas. Comme Valérie qui se doit de poursuivre l'œuvre de sa mère (partie 2, chapitre 1, page 44), je peux devenir ainsi chef d'entreprise sans l'avoir voulu, mais sans pouvoir le refuser non plus. Poids considérable, qui génère souvent une forme de tristesse profonde que l'exercice ne devrait pas susciter… si c'était bien *ma* place.

Chapitre

5

Une place... ou des places ?

Trouver sa place demande toujours de la souplesse, pour concilier ce que je porte, et que je dois dé-couvrir, avec ce que le monde est prêt à « m'acheter » concrètement. Or, ce travail de réconciliation active n'est pas nécessairement synthétisable en une place unique, un seul métier, un seul « job », même si je sais le penser comme évolutif avec le temps. Il peut donc être judicieux de raisonner aussi en termes de place double, ou même – pourquoi pas – multiple. En tout cas, de se poser la question de sa place, sans se limiter nécessairement à une. Et de ne pas se laisser emprisonner ainsi par un raisonnement traditionnel qui voudrait que l'on s'identifie professionnellement à une position unique, définie de façon simple dans des cadres déjà connus.

Des opportunités nouvelles

Il n'a sans doute jamais été aussi facile en effet de mener plusieurs vies professionnelles à la fois. Parce que nous vivons dans un monde plus ouvert, moins normatif. Parce que l'information circule plus vite et plus facilement. Parce que le besoin de flexibilité a poussé les entreprises à externaliser de nombreuses fonctions, sous des formes différentes et souvent plus souples. Parce que les statuts même d'exercice d'un métier se sont assouplis. Temps partagé, travail à temps partiel, travail en binôme, travail en free-lance ne sont plus nécessairement des positions marginales. Le développement rapide du statut d'auto-entrepreneur en est également le témoin… et l'agent.

Nous pouvons ainsi être salarié, et pas seulement ; retraités et encore utiles. Nous pouvons mener une activité professionnelle, et aussi une autre. Nous pouvons avoir un employeur ou plusieurs. Dans une approche classique du rapport au travail, privilégiant un emploi salarié pour la vie, et la protection sociale qui va avec, on peut voir le développement inquiétant de formes sans cesse plus subtiles de précarité. Dans une approche plus moderne et moins défensive, on peut voir aussi l'opportunité de se rapprocher de soi-même.

À motivations variées… réponses ajustées

Nous pouvons ainsi concilier de façon souple des impératifs alimentaires et des motivations plus profondes et plus personnelles, en exprimant différentes facettes de sa personnalité, de son expérience ou de son talent, sans en sacrifier aucune.

UNE PLACE... OU DES PLACES ?

Satisfaire ses besoins, tous ses besoins
Lætitia est sculpteur, et c'est pour elle bien plus qu'un hobby. Cependant, elle a aussi deux enfants qu'elle élève seule, et dont elle doit assumer les besoins légitimes. Si elle se consacre exclusivement à la sculpture – coûteuse à produire et difficile à vendre –, elle risque fort de se trouver financièrement en danger et elle le sait. Par ailleurs, ce serait même préjudiciable à son projet artistique, en générant trop de stress... ou de compromis. Lætitia a donc deux métiers. Pendant quatre jours, elle mène, de façon salariée, des projets informatiques dans une grande entreprise. Comme elle a de l'expérience, de l'ancienneté, c'est une position pour elle globalement stable, et l'occasion aussi de vivre une vie sociale plus variée. Et pendant trois jours, elle se consacre à son art, l'imaginer, le concevoir, le produire, le vendre quand c'est possible.

Lætitia a ainsi deux places au travail (ou une place faite de deux dimensions), ce qui est plus juste que si elle n'en avait qu'une. Même si elle regrette parfois de ne pas pouvoir consacrer plus de temps à sa passion pour la terre et pour la pierre, l'équilibre d'ensemble demeure cohérent. Et surtout elle peut satisfaire ensemble des motivations pour elle essentielles, mais contradictoires : sécurité et créativité.

Deux passions, deux métiers
Sandra, de même, est une excellente développeuse commerciale. Elle aime les relations, le téléphone, convaincre et vendre, et elle l'a toujours fait. Mais c'est aussi une excellente décoratrice d'intérieur, autodidacte mais talentueuse. Elle aime rénover des intérieurs, chercher des objets, superviser des travaux, aider ses clients à nettoyer et transformer concrètement leurs appartements pour s'y sentir mieux.

Pourquoi choisir ? D'autant que le premier métier de Sandra s'exerce facilement de façon indépendante, et rapporte de l'argent sans difficultés. Alors que le second, s'il est aussi très indépendant par nature, reste plus difficile à vendre et à négocier. Et que ni l'un ni l'autre sans doute, pris isolément, ne sauraient la satisfaire tout à fait…

Si ces deux exemples n'épuisent pas la capacité et le sens d'une double place au travail, ils disent bien ainsi l'avantage qu'il peut y avoir à penser librement le cadre de son activité professionnelle en fonction de ses clés de motivations personnelles, sans interdits et sans rigidités.

> **Un exemple… historique !**
> S'il est un exemple de double place réussie fascinant… c'est bien celui du peintre anglais romantique William Turner (1775-1851). Turner, en effet, est passé à la postérité grâce à des œuvres[1] audacieuses, quasi abstraites, où la lumière et l'espace ont dissous l'anecdote… que ses contemporains détestaient bruyamment, et n'auraient achetées pour rien au monde. Pourtant, Turner, qui aimait la reconnaissance et l'argent, était aussi de son vivant un peintre célèbre et bien rémunéré, mais pour d'autres peintures, plus sages, plus académiques : peintures de paysages ou scènes de bataille maritimes brillamment exécutées.
> Ni peintre officiel, ni anonyme et miséreux non plus, « ni vendu ni maudit », Turner a ainsi concilié pour son propre bénéfice deux façons de peindre totalement différentes : l'une classique, inspirée du Lorrain, dans l'air de

---

1. *Pluie, vapeur, vitesse*, par exemple, *Le château de Norham, lever de soleil* ou *Tempête de neige*…

UNE PLACE... OU DES PLACES ?

son temps, l'autre avant-gardiste, inspirée de personne, et très en avance sur tout le monde. Il a tenu ainsi deux positions de peintre professionnel : l'une, isolée, solitaire, indifférente au regard des autres, profondément originale et personnelle, mais vouée à l'échec officiel, l'autre au contraire parfaitement insérée dans le monde et concrètement reconnue comme telle. Deux positions dont on peut même imaginer qu'elles se nourrissaient l'une de l'autre, dans une tension permanente entre maîtrise et dépassement des modèles.

Turner illustre ainsi parfaitement notre propos d'ensemble. Ou comment trouver sa place à soi, de façon réaliste, sans renoncer à rien de ce que nous portons, mais sans non plus s'imaginer que le monde va l'accepter en l'état…

QUATRIÈME PARTIE

Face aux barrières subtiles : comment apaiser les tensions ?

Face aux barrières subtiles

La question de la place au travail est – d'une certaine façon – toujours une question de barrières : celles que l'on se met, celles que l'on nous a mises, celles dont nous avons hérité, celles que le monde nous impose. Or toutes ces barrières, visibles ou invisibles, concrètes ou non, créent un écart, une tension, entre là où nous sommes et là où nous pourrions être.

Il va donc s'agir d'identifier les barrières qui nous concernent personnellement pour mieux ajuster notre position dans le monde et apaiser les tensions qui nous animent. Si certaines barrières sont clairement d'ordre intérieur, et d'autres d'ordre extérieur, d'autres encore sont plus subtiles, plus indirectes, plus difficiles encore à cerner. Barrières sociales implicites, difficulté à prendre en compte notre genre et celui d'autrui, ou encore confusion entre place et posture, sont autant d'obstacles impalpables que nous devons pourtant prendre en compte pour vivre plus sereinement.

Chapitre 1

« Mend, end or accept »

Nous pourrions penser qu'à partir du moment où nous prenons en compte les réalités qui concernent notre place, notre vie professionnelle se déroulera sous de meilleurs auspices. Pourtant, il est des situations qui nous poussent dans nos retranchements, des subtilités qui ont leur importance et nous font inévitablement reconsidérer nos aspirations.

> **Tout pour plaire et pourtant...**
> Christian, à force d'énergie et de compétences, est parvenu en entreprise à un niveau très élevé, aux portes du comité exécutif d'un groupe important. Il rêve d'aller plus haut encore, et d'intégrer cette fois la sphère de décision la plus sélective. Il en a incontestablement les capacités, sans doute plus que beaucoup de ceux qui en font déjà partie. Certainement il le mérite aussi, à force de patience, de courage, de loyauté comme de résultats concrets. Il est d'ailleurs reconnu et apprécié, sans conteste et sans ambi-

guïtés. Il ne sera pourtant pas choisi. Il attendra patiemment pendant des années, mais son tour ne viendra pas.

Isabelle, de même, est une jeune femme énergique et brillante, qui rêve de diriger une PME. Elle va seconder ainsi avec succès différents patrons, et développer avec efficacité des structures pour d'autres. Elle est donc parfaitement légitime à briguer d'autres responsabilités, plus indépendantes encore. Jamais pourtant la vie ne lui permettra de franchir le pas. Jamais on ne lui confiera la responsabilité pleine et entière d'une structure autonome. Au final, elle préférera d'ailleurs renoncer à ce projet, pour choisir d'autres logiques de carrière, plus personnelles encore...

Christian comme Isabelle ont su dégager l'envie d'avancer, la force et la motivation nécessaires. L'un comme l'autre ont su de même s'adapter à des réalités professionnelles difficiles. Cependant – parfois – ce n'est pas encore suffisant. Parce que, à certains niveaux de responsabilité notamment, d'autres critères entrent en ligne de compte, qui ne sont plus de l'ordre des motivations ou des compétences... mais d'appartenance. Il ne s'agit plus seulement d'avoir le bon CV, la bonne énergie, la juste motivation, mais aussi et surtout de faire partie d'un groupe, d'un cercle, d'un clan. Tout recrutement, *a fortiori* toute promotion à l'intérieur d'une institution, à tous les niveaux, est en effet toujours à la fois :

- une reconnaissance (d'un talent, d'une compétence) ;
- une récompense (pour le travail effectué, l'engagement démontré) ;
- un choix, un engagement, quelque part un pari ;
- ... mais aussi une cooptation.

« MEND, END OR ACCEPT »

Si nous n'appartenons pas au groupe de ceux qui peuvent nous coopter, si nous ne faisons pas partie de leur monde, si nous ne parvenons pas sinon à les convaincre que nous pourrions en faire partie, quelque chose sans doute ne se fera pas. Et Christian n'appartient pas à l'univers social des membres du comité exécutif, il n'est pas reconnu comme tel. Pas plus qu'Isabelle n'est tout à fait convaincante face à des patrons de PME, elle non plus ne ressemble pas à ceux qui pourraient lui confier les clés, et d'ailleurs elle ne veut pas leur ressembler. L'un comme l'autre ainsi, dans deux contextes très différents, ont seulement oublié que l'entreprise n'est pas l'école, et que derrière les questions objectives de compétences il y a toute une réalité sociale à l'œuvre, avec ses codes implicites – en France sans doute plus qu'ailleurs, qui plus est – et ses logiques de clan. En fait, Christian et Isabelle ne veulent pas l'admettre, parce que leur vision du monde est plus méritocratique et qu'ils sont très attachés à cette vision de la compétence et du mérite par laquelle ils ont justement réussi… Jusque-là.

Que faire alors ? Se résigner ? Se déguiser ? Chercher ailleurs et autrement ? Se recentrer sur ses motivations les plus profondes ? Là aussi, comme face à chacun des obstacles sur la voie qui mène à sa juste place, il n'y a pas de réponse type, seulement des logiques à l'œuvre et des choix à faire. Mais si Christian avait vraiment voulu faire partie du cercle restreint des décideurs du plus haut niveau, il aurait dû montrer aussi son envie et sa capacité d'appartenance. Il eût été ainsi plus important pour lui (ce qu'il avait refusé) d'aller jouer au squash avec l'un des membres du conseil d'administration que de chercher à faire encore mieux son métier, ce qui contrariait cependant ses valeurs, et l'ennuyait par ailleurs profondément. Sans compter que, par loyauté à ses valeurs familiales, peut-être ne pouvait-il justement aller jusque-là... Quand les résistances intérieures rejoignent les obstacles extérieurs ? Quand la vie nous pousse dans nos retranchements pour savoir ce que nous voulons vraiment ?

Swâmi Prajnanpad, sage indien contemporain, connu notamment pour avoir été le maître d'Arnaud Desjardins, aimait à citer cette sentence lapidaire pour rappeler à ses disciples que le monde est ainsi fait que rien ne sert de se lamenter s'il n'est pas autrement. Si une situation ne vous satisfait pas, disait-il : « *Mend, end or accept.* » Ce qui – en français – pourrait se traduire par « changer, mettre un terme ou accepter ». Et il est vrai qu'il n'y a jamais d'autre issue...

Chapitre 2
Masculin/féminin : trouver l'équilibre

De même que la question du milieu social – d'origine ou d'appartenance – peut susciter des situations délicates quand nous cherchons notre place au travail, de même se pose aussi la question du genre. Car si les hommes et les femmes sont égaux – personne n'en doute aujourd'hui – ils sont aussi foncièrement et radicalement *différents*. La question de la place professionnelle ne va donc pas les solliciter de la même manière, même si certaines de leurs interrogations peuvent parfois se rejoindre, et leurs défis se ressembler. Car, au fond, pour tous les deux, l'enjeu est identique : il s'agit de rendre visible ce que l'on porte pour être reconnu et se déployer le mieux possible. En revanche, les trajectoires ne partent pas du même endroit et n'obéissent pas aux mêmes logiques… D'autant plus que le monde du travail est un monde masculin, par excellence, où les règles et les structures sont érigées par des hommes, essentiellement pour des hommes. Comment l'un et l'autre vont-ils jouer le jeu, compte tenu de ces données de base incontournables ?

Accepter les déterminismes

Dès le début, nous nous engageons dans la vie à des places totalement distinctes, selon que nous sommes fille ou garçon, et selon ce que cela implique pour ceux qui nous élèvent. Bien sûr, le regard que les autres ont posé sur nous, depuis le berceau, ne nous prédispose en rien à telle ou telle carrière… C'est – heureusement – beaucoup plus complexe ! Néanmoins, ce regard contribue, en partie, à la construction de notre histoire professionnelle. Or, n'en déplaise à tous ceux qui revendiquent, à juste titre, l'égalité des sexes, on nous pense *différemment* dès notre conception. Cela nous façonne ensuite, de manière plus ou moins stéréotypée, et nous cantonne à un certain type de rôle et de comportements, avec notamment pour modèle – au moins pour un temps – le parent du même sexe, ce qui n'est pas sans effets sur l'ensemble de notre parcours. Chacun aura ensuite la liberté d'interpréter ce rôle comme il le voudra. Mais personne n'échappe à cette désignation qui, dès l'enfance, influencera nécessairement nos trajectoires, le choix de nos métiers et la capacité de nous déployer. Rien de négatif là-dedans, à condition de ne pas y rester soumis et de pouvoir, à un moment ou un autre, en tirer profit, de manière intelligente et créative.

Les choses ont énormément changé en cinquante ans, il est vrai : en dehors des métiers strictement réservés aux uns ou aux autres, qui ne sont d'ailleurs plus très nombreux, tout le monde a dorénavant accès aux mêmes filières, avec les mêmes chances de succès. On imagine mal qu'une femme soit, aujourd'hui, obligée de renoncer à telle ou telle profession parce qu'elle est une femme. Cependant, derrière ce lissage et cette liberté nouvellement acquise, il reste des traces de conditionnements plus anciens, à la fois dans les mentalités collectives, mais aussi dans les inconscients des uns et des autres.

Pour un homme, notamment, la notion de conquête de la place dans le monde extérieur fait partie de ce qui lui revient « naturellement », d'emblée, depuis des générations. Le mouvement lui sera donc plus familier – à la base. Ce qui ne l'empêchera pas (on l'a vu) de subir aussi d'autres contraintes liées, par exemple, à ce qu'on attend d'un homme dans sa famille, et qui pourront l'enfermer dans un certain type de carrière. Mais le fait est qu'il bénéficie, quand même, d'une « longueur d'avance » liée à cet héritage très archaïque : depuis toujours, c'est l'homme qui chasse !

En revanche, pour une femme, le fait d'avoir été pensée, depuis des générations, dans des rôles souvent plus « passifs », l'a habituée à des modes d'insertion et de relation au monde d'un tout autre style. Revendiquer sa place au travail, au même titre qu'un homme, ne lui est possible que depuis assez peu de temps, finalement, et l'oblige à aller la chercher à l'extérieur, sur un mode foncièrement « masculin ». Cela peut contribuer à lui rendre les choses plus difficiles, moins directement accessibles…

Parfois, cela peut aller jusqu'à l'empêcher de s'approprier complètement cette démarche, et de ressentir à quel point son choix lui appartient *en totalité*. Faire carrière, gagner de l'argent, tout cela lui est envisageable, évidemment, mais certains verrous inconscients risquent aussi de la maintenir, en même temps, dans des représentations limitantes sur ce qu'une femme a le droit d'être ou de faire. Prendre complètement les rênes de sa trajectoire professionnelle, en s'en rendant totalement responsable, y compris en intégrant les renoncements que cela implique, peut alors représenter un véritable défi et nécessiter de s'affranchir, comme toujours, d'un certain type d'héritage et de déterminismes familiaux et/ou socioculturels.

Choisir et assumer : une liberté à intégrer

Une femme a-t-elle le droit de travailler ? Même s'il semble incongru de poser la question au XXIe siècle, la question de la place professionnelle, n'est, pour la femme, pas si évidente à résoudre. Elle contient pour le coup des enjeux complexes, évidemment liés à la conciliation entre travail, couple et maternité. Trouver et assumer une place professionnelle demande une disponibilité et une liberté qui ne vont pas forcément de soi… À quoi donner la priorité ? À la carrière ? À la relation amoureuse ? Aux enfants ? À tout à la fois ? Si rien n'est exclu *a priori*, cela nécessite quand même de jongler avec des activités et des domaines de natures assez différentes, et d'être capable de faire face à plusieurs défis en même temps. Ou tout au moins de les organiser dans la durée, en remaniant sans cesse les paramètres en jeu pour s'adapter le mieux possible là où chacune de ces places la sollicite.

En outre, la loyauté à soi-même que requiert une véritable implication professionnelle peut être largement parasitée par d'autres émotions et d'autres besoins, plus enfouis : besoin de sécurité (créer une famille pour être entourée), de conformité (pour faire comme tout le monde), et rendre les choix personnels plus délicats à défendre et à soutenir. Une femme peut tout à fait se sentir coupable de faire passer son métier avant ses enfants, même si elle est convaincue du bien-fondé de son désir d'occuper une place dans le monde extérieur. Comme si le fait de vouloir d'abord – ou exclusivement – se réaliser professionnellement trahissait une incomplétude, voire une « infériorité » par rapport au modèle de base, qui est d'être mère, *avant tout* ! Ce discours envahit les mentalités collectives depuis trop longtemps pour être balayé sans créer une certaine dose d'inconfort, ou de malaise. Même si la société a largement évolué, la problématique travail/maternité reste entière et le poids des conventions n'a pas complètement disparu, au point que tous les choix aient la même valeur et soient faciles à assumer.

Enfin, certains milieux prônent, plus que d'autres, une image de la femme comme une « annexe » valorisante de l'homme : censée s'épanouir, avant tout, dans l'ombre d'un mari puissant et rassurant. Avec, à la rigueur, la possibilité de s'orienter vers quelques activités – de surface – vaguement utiles, récréatives, ou « originales », mais certainement pas destinées à être de véritables sources de revenus…

Équilibrer les polarités

Nous sommes tous, hommes et femmes, gouvernés par deux polarités opposées – le masculin et le féminin – et constamment mis au défi d'instaurer une relation juste entre les deux. Sans entrer dans les détails, puisque ce n'est pas le propos de ce livre, on pourrait dire très succinctement du masculin qu'il est différenciateur, structurant et concerne la capacité de s'affirmer, de parler, de penser et d'agir avec clarté et cohérence. Le féminin, lui, relève de la relation, de l'inclusion, de ce qui nourrit, accueille et englobe, pressent, ressent... (À ne pas confondre, bien sûr, avec « les hommes » et « les femmes » !) De fait, tout ce qui permet de prendre possession de son territoire et de trouver sa place dans le monde, de manière organisée et active, est plutôt de l'ordre d'une fonction spécifiquement masculine, que ce soit chez l'homme ou la femme. Or, chez cette dernière, cette composante est en grande partie inconsciente – comme l'est tout autant la part féminine chez l'homme, ce qu'a très bien analysé C.G. Jung, psychanalyste suisse, fondateur de la psychologie analytique.

Les femmes pensent assez peu leur carrière en termes jungiens, on s'en doute. Et pourtant, s'il est un concept qui pourrait les éclairer sur leurs trajectoires, leurs revendications, leurs aspirations et leurs échecs, c'est bien celui que Jung a nommé l'Animus – la part masculine inconsciente chez la femme. Pourquoi est-il utile à connaître ? Parce qu'il mène les choses depuis un lieu psychique très profond, très méconnu, mais aussi extrêmement puissant. Lorsqu'il n'est pas tout à fait intégré (et c'est assez souvent le cas !), la femme s'identifie partiellement ou complètement à lui au point de vouloir prendre la place de l'homme, au lieu de s'en servir pour asseoir ses projets et développer ses capacités d'action et de pensée, en lien avec – et à partir de – ses caractéristiques féminines. Elle se retrouve prise au piège d'un désir inconscient de toute-puissance et de domination, et cela lui complique les choses, entre autres, dans la vie professionnelle. On imagine bien toutes les dérives que cela peut susciter…

La meilleure illustration en est de voir comment certaines femmes s'activent de façon revendicatrice, avec pour seul moteur la volonté de compenser des siècles de soumission, ou de régler des comptes, avec amertume, violence et manque de subtilité dans leurs prises de position. Y compris sur leurs lieux de travail. D'où l'importance, pour la femme, de comprendre les fondements psychiques de ce qui l'anime. La rencontre avec les mécanismes inconscients liés à l'Animus permet une compréhension dynamique de tous ces processus, au-delà des stéréotypes habituels. Faire les bonnes études, être futée, douée, déterminée ou profondément dédiée à son travail ne servira qu'à gérer une partie de la trajectoire, mais peut s'avérer insuffisant pour gouverner celle-ci intelligemment « de l'intérieur ».

S'adapter à d'autres logiques que les siennes

Enfin, s'adapter à des univers professionnels la plupart du temps conçus en fonction de, par et pour des hommes n'est pas sans poser aux femmes un défi d'adaptabilité constant. Toutes ne réussiront pas à se couler dans ces structures souvent archaïques et très hiérarchisées. Pour certaines d'entre elles, et notamment dans le monde de l'entreprise, la pression et la dureté rencontrées ne seront pas compatibles avec leurs valeurs ou leur éthique. Pour d'autres, ce sera l'occasion de mettre en place des stratégies de séduction, ou de renoncement à leur féminité, pour endosser des comportements beaucoup plus « phalliques », sous l'emprise de l'Animus, par exemple. Sans oublier le fameux rapport à l'autorité, plongeant ses racines dans les relations avec ceux qui ont joué le rôle paternel... qui viendra ajouter une dimension inconsciente supplémentaire. Au fond, tout va dépendre de la manière dont chacune pourra jouer individuellement avec toutes les composantes de sa nature féminine, en l'intégrant à une logique qu'elle n'a pas choisie, mais qui est incontournable : celle du monde de l'entreprise. Y trouver sa place, au sein d'environnements soumis à des lois de rentabilité, sans renier son identité de femme, relève, là aussi, d'une certaine « voie du milieu »...

Ces questions-là ne seront bien évidemment pas d'actualité pour les femmes qui choisissent une profession où elles sont les seuls « maîtres à bord »...

> **Être une femme dans un monde d'hommes**
> Anne est responsable de la communication dans l'une des principales filiales d'un groupe industriel important. Elle est vive, intelligente, expérimentée, compétente et reconnue comme telle. Pourtant, elle souffre tous les jours dans un monde dont elle ne comprend pas les règles, un monde d'hommes, conçu par et pour des hommes, techniciens précis, ingénieurs raisonnants, managers dominants. D'abord parce qu'elle défend naturellement des visions collectives, transverses, au service des clients, et qu'elle se heurte sans cesse en interne pourtant à des visions féodales, où chacun

défend seulement son territoire à lui, coûte que coûte, indifférent aux autres. Ensuite parce qu'elle fonctionne naturellement dans des logiques affectives et communicantes, et qu'elle est confrontée ici – chez son manager ou ses pairs – à des logiques de type « pensée », où l'analyse objective, rationnelle, matérielle demeure la variable majeure. Anne a donc du mal à s'adapter et c'est normal. Alors elle se plaint, elle réclame, elle critique, parfois même elle agresse. Comme elle a vu sa mère se plaindre, et faire ainsi pression sur son père à force de revendication affective ? Sauf qu'en entreprise, et sans levier affectif, c'est une stratégie condamnée. Plus elle se comporte ainsi en effet, moins elle est écoutée, moins elle parvient à faire comprendre ses motivations, même quand elle a raison, même quand tous au fond devraient l'écouter.

Effectivement, il est difficile d'être ainsi une femme dans un monde d'hommes, et difficile d'apprendre à « marquer son territoire » quand justement ce n'est par nature qu'une logique masculine primitive. Cependant, quand il s'agit de travail, il est pourtant toujours essentiel aussi de comprendre et d'accepter l'altérité, de comprendre quelles sont les règles du jeu pour pouvoir jouer en conscience. On ne peut en effet transformer que ce que l'on a d'abord compris et accepté. Anne se prive ainsi d'un vrai pouvoir d'influence. Car la complémentarité masculin/féminin, si elle est intégrée consciemment, est aussi en entreprise un formidable levier de progrès…

Chapitre 3

Place, posture, travail : apprendre à distinguer ce qui ne va pas

En dehors de ces questions spécifiques dont nous venons de parler, nous traversons *aussi*, çà et là, des moments de « flottement » ou de tension dans notre vie professionnelle, où nous ressentons que « quelque chose » ne va pas… Parfois, nous pouvons identifier précisément l'origine de ce qui nous dérange. Dans d'autres cas, les choses sont plus floues et nous rendent perplexes. Que révèle ce malaise ? À quoi renvoie cette difficulté ? D'où vient-elle ? Nous ne savons plus comment nous y prendre et, surtout, nous ne pouvons pas nommer *clairement* ce qu'il y aurait à changer…

Et pour cause : la place au travail n'est pas juste un assemblage parfaitement transparent (et aisément déchiffrable !) de tâches ou de fonctions où tout serait « blanc ou noir » et soumis à des mécanismes simples et facilement repérables. Elle est aussi sous-tendue par d'autres éléments, dont certains nous échappent totalement : notre humeur du moment, ce que nous traversons au niveau personnel, l'état du monde, le projet inconscient que nous avons construit. Tout cela interagit constamment, et nous y sommes confrontés en permanence. Quand quelque chose se « grippe », il n'est donc jamais si aisé de comprendre où ça se passe ni de quoi ça nous parle. De nous, des autres, du travail en lui-même ? De l'image que nous en avons ? De certains de nos besoins que nous n'aurions pas pris en compte ? De tout cela en même temps ? Mais à quel niveau ?

Changer quoi et pourquoi ?

Être à sa place, et y être bien, c'est forcément être ajusté à la situation professionnelle, dans son ensemble, mais aussi dans le détail, et en accord avec ce que nous sommes. Et donc, être en mesure de choisir la ou les postures qui nous conviennent le mieux, en termes de relations, de fonctionnement, de rythme, etc. Soit de paramètres très divers, souvent très concrets, à travers lesquels nous organisons notre vie professionnelle et l'insérons dans notre quotidien, sans heurts. Or, un grain de sable – sous la forme d'un problème ou d'une insatisfaction relativement mineurs, mais non identifiés – peut très vite enrayer la machine, et rendre le tout insupportable, au point de pousser à remettre en question le métier lui-même, voire de chercher ailleurs, en imaginant que l'on s'est trompé de carrière, et que l'on est fait pour quelque chose de radicalement différent. Ou encore de diaboliser tout ce qui touche au travail, en le rendant responsable de toutes nos frustrations, sans imaginer que nous pourrions y inventer quelque chose de nouveau ou de différent, en faisant juste un pas de côté.

Si c'est effectivement le moment de changer de job, pourquoi pas ? Mais parfois, notre diagnostic est erroné : notre place est la bonne mais nous ne le savons pas. Parce que nous ne l'avons pas encore identifiée comme telle. Ou que nous avons du mal à l'admettre, pour toutes sortes de raisons. Ou encore parce que nous ne regardons pas au *bon endroit*. Et alors même que ces malaises diffus, ces inconforts ne relèvent absolument pas de notre place en elle-même, mais indiquent quelque chose à changer ou à réévaluer, qui tiendrait plus à notre *posture* vis-à-vis de cette place… Et nécessiteraient plutôt une modification subtile qu'un remaniement global.

Compte tenu de la relative difficulté à appliquer à soi-même ce genre de diagnostic, la confusion entre changer de posture, de place, et changer de travail reste assez répandue. Il est néanmoins extrêmement utile d'apprendre à déceler – avec un certain réalisme – où et quand notre place au travail est *juste*, et comment nous pouvons en tirer parti le mieux possible, avant d'en venir à des changements majeurs. Il suffit quelquefois de reconsidérer certains éléments pour que la cohérence de l'ensemble se rétablisse en douceur… À condition d'aiguiser notre regard.

L'avis du coach

Ma toute première cliente en coaching est venue me voir car elle voulait réorienter sa carrière, changer de travail, et même peut-être de métier. Sauf qu'il est apparu très vite qu'elle en serait incapable à court terme, faute d'avoir la moindre idée sur ce qu'elle voulait faire de nouveau, et faute aussi de la sérénité nécessaire. Elle venait en effet déjà de changer d'employeur et ne supportait pas son nouveau job, au point de pouvoir à peine se lever le matin pour s'y rendre. Pourtant, rien dans la situation qu'elle vivait ne semblait devoir légitimer pareille tension. Prudemment, nous avons donc d'abord travaillé sur ce qui la minait à ce point, de façon à tenter d'alléger sa souffrance et de lui rendre, si possible, le calme nécessaire à une réflexion féconde. Nous avons mis ainsi en lumière un certain nombre d'incompréhensions, de peurs et de projections qui lui rendaient l'adaptation difficile. Élucidation progressive qui lui a petit à petit rendu la situation moins pénible... pour rendre même au final caduque la question d'origine. Elle n'avait pas besoin de changer de métier, en tout cas pas encore, seulement de faire évoluer sa posture intérieure pour pouvoir le vivre plus sereinement.

Si la souffrance au travail est ainsi toujours un indicateur important, il convient d'être prudent sur ce qu'elle exprime. Car nous pouvons souffrir pour de « bonnes raisons », parce que le meilleur de nous-mêmes réclame un autre traitement que celui que nous lui infligeons. Mais aussi pour de « mauvaises » raisons, parce que les parties les plus obscures de nous-mêmes nous empêchent au contraire de vivre bien des situations justes. Nous pouvons même souffrir profondément... d'avoir justement trouvé notre place, mais de ne pas oser l'assumer (voir les exemples de Sabine et Alice partie 2, chapitre 1, page 54). Si une envie de changement a toujours du sens, il nous appartient aussi toujours de comprendre ce dont il est réellement question pour ne pas transformer en fuite extérieure ce qui appelait surtout des éclaircissements intérieurs. Comme, à l'inverse, pour ne pas intérioriser inutilement ce qui ne nous appartient pas...

CINQUIÈME PARTIE

Faisons le point !

FAISONS LE POINT !

La question de la place au travail est ainsi une question riche et complexe, subtile… et personnelle. Chaque situation individuelle est en effet *par nature* différente. Même si les trajectoires parfois s'approchent ou se ressemblent, personne ne part du même endroit, ni ne va au même endroit. De même, personne n'éprouve les mêmes difficultés, pour les mêmes raisons. Il serait donc tentant de définir une méthode universelle en sept ou en douze leçons, mais c'est au fond impossible. Tout au plus peut-on rappeler ici quelques idées majeures, sous une forme synthétique…

Chapitre 1

Comprendre et accepter

Trouver sa place n'est possible qu'à condition d'établir et de maintenir une *relation particulière* à soi-même et au monde. Une relation que nous avons choisi de résumer ici en neuf phrases clés.

« Il y a une place pour moi, tel que je suis »

Pas besoin de tricher : le monde est – heureusement – suffisamment multiple pour que je puisse m'y intégrer, sans avoir besoin de devenir quelqu'un d'autre… Ce sont mes qualités intrinsèques et ma singularité qui me guideront vers une place juste. Cela implique une relation suffisamment confiante et détendue avec la vie pour sentir que ce que je suis mérite d'être pleinement soutenu et reconnu, et constitue la base même de ma quête professionnelle. Une place, la mienne, m'attend, de fait, simplement parce que j'existe : à moi de mettre tout en œuvre pour que la rencontre soit possible.

Ce qu'il faut retenir...

Oui, je dispose de vraies qualités, et ce sont elles qui vont me permettre de réussir.

« Le travail est un lieu d'expression et d'engagement positif »

Si j'accepte de m'y engager de façon ouverte, sans *a priori*, je peux envisager de m'y réaliser pleinement et y vivre des expériences réellement intéressantes pour moi. C'est, avant tout, un domaine où mes talents, compétences, intelligence et savoir-faire vont pouvoir être utilisés à bon escient, et non uniquement un lieu de contrainte qui m'enferme, m'inféode, ou m'impose un ensemble de corvées auxquelles je dois me résigner.

Ce qu'il faut retenir...

Tout travail est formateur, pour autant qu'on veuille bien le considérer comme tel. Même les jobs les plus simples sont porteurs d'un sens potentiel.

« Je vais devoir accepter l'idée d'avoir été conditionné »

Ce que je suis est le fruit de déterminismes multiples, de longue date, et dont je ne connais pas toujours la nature. Je suis, depuis le début de mon histoire, dans une interaction constante avec les autres (famille et milieu social d'origine) et ces relations ont imprimé en moi un certain nombre de croyances, de besoins et de schémas de comportement. C'est à partir de tous ces conditionnements – conscients ou pas – que j'organise ma trajectoire, depuis le début, que je le veuille ou non. Je ne suis donc jamais tout à fait « libre ».

Ce qu'il faut retenir...

Pour trouver ce que j'aime faire, et pouvoir m'y consacrer durablement, il est essentiel que je puisse dégager et définir mes propres critères de choix. Au fond... qu'est-ce qui est vraiment important pour moi ?

« En revanche, je suis entièrement libre de me déconditionner »...

... Donc de sortir des programmations de tous ordres dont il est question au point précédent pour faire de ma place professionnelle ce que je souhaite, selon mon propre désir. Rien ne s'oppose à ce que je prenne la distance nécessaire pour faire le tri entre ce qui a du sens pour moi et ce qui n'en a plus. Je n'ai pas pour vocation de continuer à subir quelque chose qui m'entrave et me maintient dans des formes ou des rôles qui ne sont plus appropriés pour moi.

Ce qu'il faut retenir...

Mauvaise nouvelle : nous portons tous des fardeaux que l'on a déposés sur nos épaules.
Bonne nouvelle : rien au fond ne nous oblige à les porter.

« Cette recherche de ma place est un vrai lieu de travail »

Je ne peux par conséquent trouver ma place sans accepter de me transformer, de changer de point de vue, d'attitudes, de croyances et de postures, sans me remettre en question en profondeur, sans progresser vers plus de conscience… C'est un véritable processus, qui comporte un certain nombre d'étapes, et qui nécessite aussi une implication active de ma part. D'où l'idée d'un lieu de « travail », donc d'élaboration, de remaniement, et d'une part non négligeable d'efforts, de difficultés à résoudre et de passages à franchir…

Ce qu'il faut retenir…

Toutes les réponses sont en moi. Mais souvent enfouies. À moi de les découvrir !

« Ni contre le monde, ni sans lui »

Dans cette recherche de ma place, j'ai besoin de faire du monde extérieur mon allié : c'est uniquement en partant de sa réalité, en plein accord avec ce que j'en perçois, que je pourrai m'y insérer de façon juste et adaptée. Ne pas en tenir compte ne peut que me mettre en échec, quelles que soient les raisons de mon refus ou de mon rejet. À un moment ou à un autre, il me faudra nécessairement trouver les points de jonction à partir desquels un véritable partenariat sera possible. Sinon je ne pourrai ni m'inscrire dans le réel ni y faire aboutir quoi que ce soit qui puisse y être reconnu et rémunéré.

Ce qu'il faut retenir...

Qui dit travail dit contrat. Qui dit contrat dit partage et négociation.
Je suis toujours acteur. Je ne suis jamais le seul.

« Je vais devoir soutenir mon projet et le communiquer au monde extérieur »

Mon projet professionnel ne pourra se réaliser que si j'y adhère pleinement, ce qui implique de le défendre à tous les niveaux, de m'y engager véritablement et de le rendre visible et intelligible pour le monde extérieur. La qualité de cet engagement et son degré seront déterminants dans la réussite de mes objectifs. Plus je l'incarnerai avec force, détermination et conscience, plus je pourrai convaincre ceux qui seront nécessaires à son déploiement et à sa réussite.

Ce qu'il faut retenir...

Ce que je veux doit être dit, répété, affirmé. Sinon, qui saura ce que je cherche ? Qui pourra me le proposer ?

« Ma démarche s'inscrit dans le temps »

Espérer trouver sa place du jour au lendemain est totalement illusoire. Cette démarche implique, au contraire, que je puisse m'accorder le temps nécessaire pour construire, petit à petit, les bases d'une trajectoire cohérente. Que ce soit en termes de formation ou de recherche effective, pour acquérir les compétences suffisantes, faire les expériences dont j'ai besoin, rencontrer les bons interlocuteurs, me créer un réseau, réfléchir à ce que je porte… Autant d'étapes qui inscrivent ce processus dans une durée, plus ou moins longue, mais dont je ne peux rien savoir au départ.

Ce qu'il faut retenir…

Qui dit carrière – même simple, même modeste – dit stratégie. Donc réflexion, objectifs, choix d'un parcours, ajustements, efforts, retours en arrière, cap à garder, investissements à prévoir. Sur la durée. Nécessairement.

« Rien n'est définitif »

Pour terminer, lorsque j'aurai trouvé ma place, je serai aussi obligé de constater son caractère profondément éphémère : rien ne me garantit, en effet, que j'y serai *toujours* bien, ni qu'elle aura du sens pour moi jusqu'à la fin de ma vie professionnelle. Et encore moins qu'elle sera possible à maintenir dans le monde extérieur aussi longtemps que j'en aurai envie… Trouver sa place, c'est aussi accepter de s'en détacher suffisamment pour garder la liberté de la quitter, ou de la transformer, si nécessaire. Pour pouvoir mieux l'incarner, sans jamais s'y enliser ? À chacun sa réponse…

Ce qu'il faut retenir…

Dans tous les métiers, la recette pour durer est simple au fond. Être très clair et très ferme sur ce qui nous importe vraiment… pour être très souple ensuite dans la façon de le vivre et de l'incarner !

Organiser et mettre en œuvre

Trouver sa place n'est également possible qu'à condition de faire ensuite de la recherche concrète de sa place dans le réel un voyage construit et cohérent, avec un point de départ, un point d'arrivée, des atouts, des contraintes, un itinéraire, un budget, un calendrier. Travail de recherche et d'élaboration que nous pouvons également résumer en neuf points clés.

Le point de départ : établir un diagnostic personnalisé

C'est justement parce que chaque situation individuelle est profondément différente que la phase de diagnostic préalable est toujours absolument essentielle. Laquelle phase de diagnostic pourrait notamment se construire autour de la réponse à deux questions clés[1] :

- Pourquoi la question se pose-t-elle pour moi ? Si j'ai déjà un métier, une position, pourquoi est-ce que je souhaite en chan-

---

1. En considérant ici que vous disposez déjà de premières expériences professionnelles… donc d'une base de réflexion concrète. Si vous sortez de l'école ou de l'université, et cherchez un premier emploi, la question ne se pose pas en ces termes bien sûr. Encore que… Pourquoi avez-vous choisi ces études ? De ne pas en faire d'autres ? Avez-vous d'ailleurs le sentiment d'avoir vraiment choisi ? Qu'avez-vous aimé dans vos études ? Détesté ? Avez-vous envie de chercher un travail en rapport avec ces études ? Ou justement pas ? Pourquoi ?

ger ? De quelle insatisfaction est-il question ici ? Qu'est-ce que je cherche que la situation actuelle ne puisse m'offrir ? Suis-je certain, d'ailleurs, qu'elle ne le puisse ?
- Pourquoi la question se pose-t-elle justement aujourd'hui ? Qu'est-ce qui a changé ? En moi ? Autour de moi ? Pourquoi ce qui me satisfaisait ne me satisfait plus ? Pourquoi ce qui était supportable ne l'est plus ?

Les points d'appui : partir de ses qualités et de ses atouts

Que j'en sois conscient ou non, je porte de vraies qualités, ces qualités sont utiles au monde, et ce sont elles qui vont me permettre de réussir dans un métier concret. Je dois donc me méfier de tous ceux qui m'expliquent qu'il faut mentir en recrutement. Ce n'est pas en faisant semblant d'être le clone d'un modèle théorique que je peux réussir, mais plutôt en valorisant clairement ce que je porte, moi, de meilleur. C'est pourquoi il est important de réfléchir à deux niveaux complémentaires, sans pudeur et sans fausse modestie, de façon à définir clairement ce que sont :

- mes atouts « officiels » : ce que je sais faire, ce que j'ai appris, mes compétences, mes expertises et les preuves qui vont avec (diplômes, expériences…) ;
- mes qualités propres : ce que j'aime faire, ce qui me plaît, me motive particulièrement, ce pour quoi je suis doué, même si ça n'a pas, ou pas encore, de relation directe avec mon activité professionnelle.

Un métier qui ne valoriserait ni les uns ni les autres n'aurait sans doute pas de sens pour moi. À l'inverse, au carrefour de ces deux dimensions, j'ai sans doute une place possible.

Le guide : définir ses propres critères de choix

C'est peut-être le plus important de tout le travail, et rarement pourtant la dimension la mieux prise en compte. Au-delà en effet de ce que je sais faire et de ce que j'aime se pose d'abord la question de ce qui est pour moi le plus essentiel. Est-ce par exemple :

- L'indépendance ? La liberté ? La créativité ? Le plaisir ?
- Le confort ? La sécurité ? Une forme de tranquillité ? Du temps disponible ?
- L'argent ? La reconnaissance ? Le pouvoir ? Une certaine visibilité publique ?
- Les relations ? Le partage ? Le sentiment d'être entouré ?
- Le rythme ? L'intensité ? Le risque ? Les voyages ?
- L'expertise ? Développer un vrai savoir-faire ?
- Servir ? Être utile ?

Sans pudeur, sans retenue, seul, sans influence, le plus honnêtement possible, je dois me demander ainsi ce qu'est, ce que sont mes critères de choix majeurs. S'il n'y avait pour moi qu'un critère essentiel, lequel ? Ou deux ? Ou trois ? Dans quel ordre ? Pourquoi ? Si j'avais à choisir entre deux ou trois propositions de travail, comment choisirais-je ? Face au choix, face aux dilemmes éventuels, c'est le seul remède. En sachant que, si la question est facile à poser, la vraie réponse peut nous rester cachée, dissimulée encore par trop de voix intérieures et de mauvaises habitudes (*cf.* la nécessité de se déconditionner d'abord)…

L'objectif cible : définir un ou des points d'arrivée

C'est bien sûr la question centrale, donc aussi la plus difficile à théoriser *a priori*. Une fois définies d'où l'on part et pourquoi, ce que l'on sait faire, ce qui nous motive et ce qui nous guide, c'est en effet le moment d'élaborer des scénarios, puis de les analyser, de les comparer, de les hiérarchiser, jusqu'à pouvoir en retenir un ou deux.

Une place juste pour moi, qu'est-ce que ce pourrait être ? À quoi pourrait ressembler mon prochain job et pourquoi ? Où et comment pourrais-je aller le chercher ? Un peu de liberté, sinon de créativité, est ici nécessaire pour imaginer vers où se diriger, un peu de rigueur ensuite pour trier les idées les plus cohérentes des plus fantasmatiques, un peu d'audace enfin pour ne pas se contenter *a priori* de solutions trop prudentes ou trop limitées.

Le parcours : transformer l'ensemble des données en itinéraire

Une fois que j'ai défini ainsi un ou deux scénarios professionnels possibles qui puissent répondre à mes attentes, reste encore à construire le parcours pour aller là-bas d'ici. De quoi ai-je donc besoin ? Que dois-je acquérir pour que ce soit possible ? Puis-je y aller directement ? Dois-je imaginer d'abord des étapes intermédiaires ?…

L'épreuve de réalité : penser la dimension financière

Quel que soit le projet, celui-ci en effet a un coût, ne serait-ce qu'en termes de risques, et devra être étudié, sinon financé. Un projet sans contraintes financières n'est pas un projet. C'est au mieux une idée, au pire une velléité. Je ne pourrai donc pas échapper à l'évaluation, ici, de la façon la plus précise possible :

- ce que je veux gagner ;
- ce que je suis prêt à sacrifier ;
- ce que je peux investir… ou pas.

Il me faudra ensuite envisager, compte tenu du projet que j'ai imaginé, si c'est possible, comment et à quelles conditions, pour valider le fait que mes choix sont bien réalistes. Dans le cas contraire, il me faudra faire évoluer l'idée d'origine ! L'argent n'est souvent pas la dimension clé du projet, mais il en est presque toujours au moins le « juge de paix ».

Le temps : planifier la transformation

Ce qui est important prend souvent du temps, et l'impatience est mauvaise conseillère. Il convient donc de prendre son temps, autant que possible, pour définir un calendrier réaliste de mise en œuvre. Qu'il s'agisse de changer de job, de place, de posture, de statut, de métier, il ne saurait y avoir de solutions rapides. Et d'autant moins que l'évolution recherchée est plus importante…

La communication : rendre réel

Quel que soit mon choix, il ne deviendra réel enfin… que si j'en parle ! Qu'il s'agisse de chercher un nouvel employeur, une formation, un financement, des clients pour une nouvelle activité, un local, et même un nouveau job à l'intérieur d'une entreprise que je connais bien, je vais devoir communiquer à d'autres mon projet, sa logique, ses arguments positifs. Je ne peux donc pas escamoter cette dimension clé. Elle est partie intégrante nécessaire du travail et du chemin. Trouver sa place au travail suppose ainsi toujours – à un moment donné – d'expliquer, d'argumenter, de démarcher, et quelque part de « vendre ». Pour trouver des appuis, des informations, des relais, des prescripteurs, des clients, des opportunités. Je ne peux donc pas ne pas répondre à des questions de type : à qui ai-je besoin de parler ? Ai-je déjà les contacts nécessaires ? Sinon, comment les identifier ? Comment les intéresser ? En échange de quoi[1] ? Quand il s'agit de place au travail, l'autre est toujours présent.

La confiance : laisser faire

Le dernier point du parcours est aussi le plus mystérieux. Mais la vie semble ainsi faite qu'elle nous aide à réaliser nos objectifs quand ceux-ci lui semblent justes. Si je suis ainsi profondément clair dans mes intentions, et sûr de ce dont j'ai envie… il faut que j'apprenne aussi à faire confiance. Les opportunités sans doute se présenteront, même si l'on ne sait pas toujours pourquoi ni comment. Notre job consiste à transformer en nous ce qui doit l'être. La vie souvent se charge du reste…

---

1. Les Anglo-Saxons utilisent aujourd'hui cette formule lapidaire : « *net working or not working* », qui dit bien en très peu de mots l'importance essentielle des réseaux dans la construction d'un parcours professionnel personnalisé. En n'oubliant jamais cependant que réseau signifie aussi échange. On peut demander beaucoup en effet à ceux qui nous entourent… à condition de rendre ou d'avoir déjà donné.

Chapitre 3

Seul ou accompagné ?

Peut-on conduire seul cette réflexion, et la penser jusqu'à son terme ? Pour nous, la réponse est : oui, mais... Oui, si pour vous la question est simple, auquel cas elle est sans doute déjà résolue. Car là aussi nous sommes tous différents, et il est des individus pour qui c'est plus facile que pour d'autres. Peut-être pas, si vous ressentez déjà l'importance de la question, mais aussi la difficulté de l'exercice. Sans doute pas si vous devinez que la nature de vos obstacles personnels est plus intérieure et plus inconsciente...

Sans vouloir militer ainsi outrageusement pour nos propres chapelles respectives, il peut être juste en effet de rechercher un conseil ou un appui extérieur pour au moins quatre raisons :

- parce qu'il est toujours difficile d'être « dedans » et « dehors » à la fois, d'être en même temps celui qui réfléchit et l'objet même de la réflexion ;
- parce que, de façon plus spécifique, il n'est jamais facile de se vendre, c'est-à-dire de se penser à la fois en tant que « sujet agissant » et en tant que « valeur de marché » ;

- parce que l'entourage habituel peut être facilement de très mauvais conseil, qu'il risque fort de défendre les positions acquises dont il est lui-même partie prenante, et de freiner ainsi toute forme d'évolution positive. Sans parler des situations où il est la cause même de nos erreurs d'orientation ;
- parce qu'enfin, et comme nous l'avons déjà largement évoqué, les vraies barrières sont souvent les plus inconscientes… donc les plus difficiles à contourner sans aide.

Si néanmoins vous voulez tenter seul l'aventure, nous vous recommanderions volontiers d'écrire beaucoup : vos envies, vos motivations, vos peurs, vos réticences, vos qualités, vos compétences, votre projet, ses conditions de succès, son équilibre économique, le chemin à parcourir… Jusqu'à voir s'élaborer ainsi sur le papier un projet d'ensemble qui vous paraisse cohérent par rapport à ce que vous portez, tout en étant réaliste. L'écriture seule en effet permet de se dédoubler, de poser des idées puis de les relire de façon critique, de suivre ses envies puis de les regarder avec recul et d'en apprécier la cohérence.

Si, en revanche, vous ressentez le besoin d'une aide, d'un regard, d'un appui, nous militerions volontiers, logiquement, pour une approche double : avec un coach *et* un thérapeute. En parallèle ou successivement, mais d'une façon toujours dialectique. Parce que la question de la place au travail est une question complexe, et qu'elle est justement faite des deux dimensions à la fois – interne et externe, psychique et sociale – qui se complètent et se répondent. Plus vous avancerez ainsi *à l'intérieur* sur qui vous êtes, ce que vous cherchez vraiment, ce qui vous a conditionné, plus vous pourrez progresser aussi *à l'extérieur* sur comment le chercher et le mettre en œuvre concrètement. Mais l'inverse est vrai aussi. Se confronter aux difficultés que vous pose le travail au quotidien, et aux questions que posent ces difficultés, peut vous permettre de mieux identifier ce qui vous entrave, ce sur quoi vous butez et pourquoi. Le travail avec un seul thérapeute en effet ne résoudra jamais la part concrète essentielle de ce que je dois faire et comment. De même que le travail avec un coach seul ne conduit souvent qu'au constat d'une impasse, issue de questions inconscientes.

Travailler avec un thérapeute sur des questions professionnelles en effet ne signifie pas que l'on est malade ou fou, seulement lucide quant à la part inconsciente de nos conditionnements. De même que s'offrir les services d'un coach n'est pas un signe de faiblesse ni un aveu d'impuissance, seulement la compréhension de la difficulté d'être à la fois le « vendeur » et la « marchandise ». Les plus grands sportifs ont ainsi souvent un préparateur physique et un préparateur mental, parce que leur performance se construit au carrefour des deux dimensions. Les plus grands patrons utilisent des consultants pour les aider à réfléchir et des coachs sportifs pour entretenir leur forme physique. Quand il s'agit de place au travail, n'avons-nous pas tous besoin aussi de réfléchir à qui nous sommes *et* comment le mettre en scène, pour l'inscrire au mieux dans le réel ?

Conclusion

Trouver sa place est l'affaire de tous

Didier Goutman

Trouver sa place au travail au fond n'est pas une question individuelle. Bien sûr la formule est délibérément paradoxale, mais elle a pour vocation ici, à la fin de cet ouvrage, de rappeler l'importance des enjeux collectifs toujours associés à l'idée même de travail.

Nous connaissons tous en effet trop bien des amis, des collègues, des patrons, des artisans, des commerçants, des enseignants… qui ne sont pas à leur place, ne font pas bien des métiers qu'ils méprisent, et génèrent ainsi – souvent sans même s'en rendre compte – des conséquences négatives en cascade pour eux-mêmes et pour les autres. Des serveurs qui n'aiment pas servir, et nous le font bien sentir, transformant des instants de répit en moments de tension. Des assistantes qui voudraient être chefs, rechignent à la tâche toute la journée et compliquent la vie d'équipes entières. Des managers qui n'aiment personne, évitent tout contact, sont méprisés par leurs collaborateurs et s'enferment à leur tour dans un rejet hautain et stérile. Des entraîneurs d'équipe de football qui se murent de même dans le silence et dépriment au final des nations entières. De même que nous connaissons tous aussi des serveurs, des assistantes, des managers ou des entraîneurs qui, parce qu'ils aiment ce qu'ils font, créent à l'inverse des cercles vertueux de service et de confiance, de plaisir et de rayonnement.

Chacun est donc responsable de sa place et de la façon dont il l'occupe, devant lui mais aussi devant tous les autres. Parce que tout est lié. Parce que nous sommes tous économiquement, socialement, professionnellement interdépendants. Trouver sa place n'est donc jamais seulement une question individuelle. Parce que je ne peux pas la trouver seul, puisqu'il faut bien qu'un autre me la confie, avec et pour lui. Parce que bien ou mal travailler, aimer ou pas ce que je fais, n'engage jamais que moi. L'enjeu dépasse toujours largement ma propre cause, pour toucher au fonctionnement collectif dans son ensemble. Si le battement d'une aile de papillon peut déclencher un cataclysme, que dire en effet d'une carrière ratée, d'une vocation manquée, d'une frustration permanente ?

Trouver sa place au travail questionne enfin la place qu'occupe justement le travail lui-même dans le monde qui est le nôtre. Car moins le travail est valorisé, plus il est difficile d'y penser positivement son intégration. Nous vivons pourtant collectivement, depuis des décennies, ce fantasme – car c'en est un – de travailler toujours moins pour dépenser toujours plus. Toujours moins d'heures de travail, toujours moins de journées, toujours moins d'années de travail, toujours plus de jours de repos, de loisirs et de

CONCLUSION

consommation. Comme si le travail était nécessairement une purge, une corvée, un esclavage, une « torture » qu'il fallait réduire, encore et encore. Et le loisir une chance, un droit, une bénédiction, qu'il fallait défendre, renforcer, étendre, augmenter. Mais est-ce si évident aujourd'hui ? En quoi regarder des DVD sur un écran plat est-il au fond tellement plus formateur que de chercher à satisfaire un client dans une relation réelle et vivante ? En quoi bronzer sur une plage est-il plus intéressant, plus « nourrissant », plus attirant que d'animer des réunions de travail ? Et surtout, est-ce même encore possible ? Car nous ne sommes parvenus à entretenir durablement cette illusion qu'au prix d'un endettement collectif forcené, dont il faudra bien s'acquitter un jour, d'une façon ou d'une autre. Et si demain, faute de pouvoir même faire autrement, nous devons cette fois travailler plus, plus longtemps, sans autre perspective que de gagner moins, la question de l'ajustement à ce que nous ferons sera d'autant plus cruciale. Puisque nous ne pourrons travailler plus pour nous enrichir au plan quantitatif, ni non plus avec l'espoir de nous débarrasser à terme du travail lui-même, il ne nous restera donc plus qu'à investir – enfin ? – le travail d'une véritable valeur de réalisation individuelle et de service collectif.

Tant qu'à devoir travailler, et peut-être beaucoup – car nous n'y échapperons pas –, autant faire ainsi ce qui est juste, pour nous-mêmes, pour les autres et pour le monde. Peut-être est-ce ainsi d'ailleurs que la société évoluera vraiment, qu'elle apprendra à rendre enfin le travail intéressant pour tous, plutôt que de chercher seulement à l'éradiquer faute de savoir faire mieux. Si chacun de nos métiers avait vraiment un sens dont nous serions tous conscients, ne serait-ce pas un plus grand progrès que si nous avions tous atteint la possibilité d'un farniente permanent, stérile et désœuvré ?

La révolution de 1789 voulait abolir les privilèges des aristocrates, pour ne permettre à personne de vivre aux crochets de tous les autres. Nous avons pourtant cherché depuis subtilement à faire l'inverse, c'est-à-dire à étendre à tous les privilèges de quelques-uns. Sauf que c'est impossible. Après tout, n'en déplaise à la Genèse, on travaille peut-être même au paradis…

Trouver sa place : une quête initiatique
Juliette Allais

Parvenir à trouver notre place professionnelle, tels que nous sommes, au sein du monde tel qu'il est, témoigne toujours d'un alignement profond dont nous sommes largement responsables et qu'il nous appartient d'accompagner le plus soigneusement possible. Alignement incontestable entre l'offre et la demande, bien sûr, qui témoigne que nous sommes bien positionnés sur le marché. Et que nos talents et nos compétences plaisent, attirent, et sont globalement reconnus pour ce qu'ils sont. Mais pas seulement. En réduisant ainsi la recherche de la place professionnelle à une simple « formalité », nous pourrions facilement en oublier l'aspect plus « initiatique » et plus énigmatique. Car s'il est bien un sujet qui nous convoque en permanence au-delà d'une histoire purement *objective*, c'est bien celui de la place au travail. Autrement dit, qu'est-ce qui fait que « ça marche » et que les choses deviennent

CONCLUSION

tout à coup possibles ? Est-ce que cela pourrait se jouer – en partie – à un endroit qui nous échappe et dont nous ne savons rien ? Autrement dit, existerait-il, à un autre niveau, un alignement plus *invisible*, dont nous n'aurions pas conscience, *a priori*, et dont il faudrait aussi tenir compte ? Cette recherche-là pourrait alors faire partie d'une aspiration plus vaste, plus globale. Encore faudrait-il que nous puissions la définir, savoir par quels moyens et dans quel contexte nous pourrions nous en approcher d'un peu plus près…

Imaginons qu'il ne s'agisse pas que d'une affaire de confort, de carrière ou d'ambition : que cette question en cache effectivement une autre, peut-être moins facile d'accès mais tout aussi importante et légitime, même si cela ne va pas entièrement de soi : celle d'un lien éventuel entre notre réussite et notre attitude intérieure, vis-à-vis du réel. Si un tel lien existait, quelle serait, dans ce cas, notre marge de manœuvre et de quoi serions-nous « responsables » ? Pourrions-nous « agir » sur notre destinée en adoptant une certaine posture psychologique[1] de l'ordre de l'ouverture et du lâcher prise, et témoignant d'un accord profond avec l'univers ? La question est complexe mais elle n'en mérite pas moins d'être posée, car dans cette quête de notre place professionnelle, nous l'avons vu à travers de nombreux exemples, nous ne pouvons que *faire alliance* avec le monde.

---

1. Précisons qu'il s'agit ici de défendre l'idée d'une démarche à visée spirituelle plus proche du bouddhisme, au fond, que de l'idée d'un positivisme à toute épreuve, prôné par de nombreux manuels de développement personnel.

Or, cette fameuse alliance ne tient pas seulement du hasard, du miracle, de notre seule volonté ou de la cohérence de notre démarche. Quelque chose se passe là – *en plus* – qui nous dépasse totalement, mais qui semble bien confirmer la présence d'un ordre sous-jacent derrière la réalité perceptible par les sens… Ordre avec lequel nous serions peut-être censés nous ajuster pour que les choses fonctionnent de façon fluide. Et même si nous l'avons oubliée, c'est pourtant bien une idée qui n'est pas nouvelle : cette conception du monde comme un tout indivisible et interdépendant a été celle de la philosophie hermétique pendant des siècles, avant de sombrer peu à peu dans les oubliettes, prise en étau entre pensée cartésienne et christianisme. Elle est néanmoins réhabilitée aujourd'hui par un certain nombre de disciplines[1] dont la psychanalyse, bien sûr. Celle-ci explore, en effet, la résonance particulière entre matière et psychisme, et la manière étrange et énigmatique dont les deux s'accordent ou pas. Mais aussi à toutes les approches qui abordent le thème très mystérieux – néanmoins sérieux – du « réenchantement du monde[2] » auquel, peut-être, nous pourrions participer…

Nous pourrions, au terme de cet ouvrage, nous interroger de la façon suivante : comment et en quoi notre manière d'aborder le réel et de l'honorer conditionnerait-elle le résultat de nos démar-

---

1. Je pense notamment aux recherches de Marie-Louise von Franz, qui a eu le mérite de mettre la question du lien entre matière et psyché sur la place publique, même si elle n'y a pas forcément répondu pour autant…
2. Voir, par exemple, *Science et Quête de sens*, de Jean Staune, Presses de la Renaissance, 2009.

Conclusion

ches, et favoriserait-elle une trajectoire plutôt qu'une autre ? Une attitude engagée, directe et respectueuse avec ce qui nous entoure nous faciliterait-elle la tâche ? Comme si ce lien avec le monde était vivant et requérait de notre part une attention soutenue et bienveillante... Non pas dans une posture moralisatrice, mais plutôt dans une tentative d'approcher au plus près de ce que pourrait être une véritable initiation à la vie, que ce soit par le biais de l'expérience professionnelle ou de toute autre, d'ailleurs. Cette façon d'envisager le rapport à la réalité remettrait en tout cas en jeu la question de la place – y compris la place au travail – d'une manière inédite et non négligeable en nous permettant d'accéder à une compréhension plus profonde de nous-mêmes, du sens de la vie et des événements qui nous arrivent.

Bien sûr, ceci n'est pas donné d'emblée. D'abord, parce que faire alliance avec la matière n'est jamais aussi simple. Pesante, réductrice, forcément limitée et limitante, elle nous oblige à nous couler dans le moule de ses exigences. Et d'autre part, parce que les dimensions initiatique et spirituelle sont largement oblitérées, quand elles ne sont pas raillées ou méprisées par une société et une culture unilatéralement tournées vers une compréhension raisonnée des choses. Où être à sa place tient plus d'un statut moelleux et lucratif que de la capacité à fonctionner au sein d'une collectivité en tant que rouage intelligent et novateur qui apporte une réponse à des interrogations plus profondes et plus essentielles sur ce que ce monde pourrait devenir. C'est-à-dire en y participant de sa spécificité de sujet singulier, capable de penser les choses dans leur ensemble, sans forcément mettre son intérêt au premier plan.

Peut-être le moment est-il justement venu, à présent, pour chacun, de sortir des limites d'une conception dépassée de la place professionnelle, qui consisterait à n'en voir que l'aspect pratique, rémunérateur et coupé de toute dimension symbolique et transformatrice. Cet ouvrage, au fond, porte implicitement l'idée que réfléchir sur ce sujet pourrait *aussi* contribuer à faire avancer les choses dans ce sens et à faire peser la balance du côté d'une conscience plus large, inclusive et inspirée de ce qu'est l'être humain aujourd'hui : quelqu'un qui prend enfin possession d'un espace psychique et physique profondément juste pour lui. Qui peut révéler son génie personnel, dans la fluidité d'une liberté intérieure trouvée ou retrouvée, au plus près de ce qu'il est amené à devenir. Et qui cherche sans cesse à tisser un lien profond, construit et intelligent avec le monde dont il fait partie.

Bibliographie

ALLAIS Juliette, *Psychogénéalogie, comment guérir de sa famille*, Eyrolles, 2007.

ALLAIS Juliette, *Au cœur des secrets de famille*, Eyrolles, 2008.

ALLAIS Juliette, *Décrypter ses rêves, la voie de l'analyse jungienne*, Eyrolles, 2009.

CANAULT Nina, *Comment paye-t-on les fautes de ses ancêtres ?*, Desclée de Brouwer, 1998.

CLOT Yves, *Le travail à cœur*, La découverte, 2010.

CROZIER Michel, *Le phénomène bureaucratique*, Seuil, 1963.

CUYNET Patrice (sous la direction de), *Héritages, les enjeux psychiques de la transmission*, L'Harmattan, 1999.

DE GAULEJAC Vincent, *La névrose de classe*, Hommes et Groupes Éditeurs, 1987.

DE GAULEJAC Vincent, *La lutte des places*, Desclée de Brouwer, 1994.

DE GAULEJAC Vincent, *Les sources de la honte*, Desclée de Brouwer, 1996.

DE GAULEJAC Vincent, *L'histoire en héritage, roman familial et trajectoire sociale*, Desclée de Brouwer, 1999.

DE MAUPASSANT Guy, *Bel-ami*, 1885.

DESJARDINS Arnaud, *Les formules de Swâmi Prajnânpad*, La Table Ronde, 2003.

DI LORENZO Sylvia, *La femme et son ombre*, Albin Michel, 1997.

ELIACHEFF Caroline & HEINICH Nathalie, *Mères-filles, une relation à trois*, Albin Michel, 2002.

ELKAÏM Mony, *Comment survivre à sa propre famille*, Seuil, 2006.

ENRIQUEZ Eugène, *Les jeux du pouvoir et du désir dans l'entreprise*, Desclée de Brouwer, 2005.

GAMPEL Yolanda, *Ces parents qui vivent à travers moi*, Fayard, 2005.

HAINEAULT Doris-Louise, *Fusion mère-fille*, PUF, 2006.
HILLMAN James, *Le code caché de votre destin*, Robert Laffont, 1996.
JANIN-DEVILLARS Luce, *Ces morts qui vivent en nous*, Fayard, 2005.
KAËS René, *Transmission de la vie psychique entre générations*, Dunod, 1993.
KAFKA Franz, *La lettre au père*, L'Imaginaire n° 158, 1952.
LE GOFF Jean-François, *L'enfant parent de ses parents*, L'Harmattan, 1999.
MILLER Alice, *L'avenir du drame de l'enfant doué*, PUF, 1996.
MUXEL Anne, *Individu et mémoire familiale*, Nathan, 2002.
NEUBURGER Robert, *Le mythe familial*, ESF Éditeur, 1995.
NEUBURGER Robert, *Les rituels familiaux*, Payot & Rivages, 2003.
NOTHOMB Amélie, *Stupeur et tremblements*, Albin Michel, 2001.
SCHIERSE Leonard, *La fille de son père*, Le Jour Éditeur, 1990.
VASSEUR Flore, *Une fille dans la ville*, Les Équateurs, 2006.
VIGOUROUX François, *L'empire des mères*, PUF, 1999.
VON FRANZ Marie-Louise, *L'Animus et l'Anima dans les contes de fée*, La Fontaine de Pierre, 2004.
WATZLAWICK Paul, *Faites vous-mêmes votre malheur*, Seuil, 1984.
WILLEQUET Pierre, *Mères et filles, histoire d'une emprise*, Seuil, 2008.

Pour contacter directement les auteurs :
julietteallais@aol.com
didiergoutman@wanadoo.fr

www.ingramcontent.com/pod-product-compliance
Lightning Source LLC
Chambersburg PA
CBHW070737160426
43192CB00009B/1478